Живой мертвец

Андрей Зарин

СОДЕРЖАНИЕ

ЖИВОЙ МЕРТВЕЦ

ЖИВОЙ МЕРТВЕЦ

I

ПЕРЕД ГРОЗОЙ

28 апреля 1798 года вся Москва была охвачена волнением. Император Павел проездом в Казань остановился в Москве, и не только власть имущие, не только полицейские и иные чины, но даже простые обыватели пребывали в страхе.

"Мало ли что приключиться может? Слышь, государь до всего доходит. В одежде ли какая неисправность, в запряжке, поклониться не успеешь — ан! и пойдешь, куда неведомо!" — И каждый пугливо озирался по сторонам, вспоминая рассказы про ту или иную выходку императора.

Но если дрожали простые обыватели и чины гражданские, то в местном войске была буквально паника. Император назначил смотр на следующий день, и все от малого солдата до самого Архарова были в волнении.

Иван Петрович Архаров, по протекции своего брата, петербургского генерал-губернатора Николая Петровича, назначенный в Москву вторым военным губернатором, был вовсе не военный человек и теперь трепетал. Раз десять он призывал к себе своего помощника, пруссака Гессе, и тревожно спрашивал его:

— Ну что, Густав Карлович, как? А? Не выдадут?

Длинный и сухой, как жердь, с серыми бесстрастными глазами, полковник Гессе качал маленькой головой и говорил:

— Никак нет! Наш не выдаст! О, я их так муштриль!..

— Да, да! Наш-то я знаю. А другие?

— Другой тоже! Я всем говориль!..

— Постарайся, Густав Карлович! Слышь, не в духе государь нынче.

1

Гессе уходил, а спустя час Архаров гнал за ним вестового и говорил опять то же самое. Гессе, в свою очередь, объезжал полковых командиров и вселял в них страх и трепет своим зловещим видом.

— И потом,— оканчивал он свои предупреждения у каждого командира,— государь не в своем духе сегодня!

Этих слов достаточно было, чтобы внушить трепет.

Государь не в духе! Это значит, что старый полковник может в одну минуту стать рядовым, а послезавтра быть уже по дороге в Сибирь. Такие примеры бывали.

И полковые командиры, собрав офицеров, нагоняли на них страх, а те, в свою очередь, пугали солдат, последние же превращались буквально в мучеников.

Весь день по всем казармам шло строевое учение. Шеренга солдат вытягивала ногу и стояла недвижно, а поседевший на службе какой-нибудь капитан, присев на корточки, внимательно высматривал, на одной ли высоте все солдатские подошвы. По десять раз делались ружейные артикулы, и капитан чутким ухом прислушивался: ладно ли звенят все ружейные части, которые для большого звона приказывали слегка развинчивать. Поручики внимательно следили, все ли пригнали к месту, все ли вычищено, выбелено, все ли блестит, потому что зоркий глаз императора высматривал иногда самый ничтожный пустяк, и из-за него гибла карьера молодых поручиков.

В казармах Нижегородского драгунского полка происходило то же, что и в других. На дворе шло ученье, в казармах спешно готовили амуницию, собравшиеся в кордегардии офицеры тревожно беседовали между собой.

Статный красивый офицер Ермолин с хвастливостью произнес:

— Я много слышал про государя. С ним нужна только смелость. Я не боюсь, что назначен ординарцем.

— Ну, смелость смелостью, но и счастье надобно,— сказал маленький, худощавый офицер,— вон в Петербурге Ермилов из Семеновского полка...

— Знаю! — перебил брюнет. — Такой видный малый. Что же с ним?

— А в рядовых теперь!

— Как так? — воскликнуло несколько голосов.

— А очень просто. Назначен был вахт-парад. В январе было. Мороз — смерть. Ермилов вздумал отличиться и без перчаток пошел. Ну, государь сразу заметил. Улыбнулся и говорит: "Молодец, поручик!". Тот гаркнул: "Рад стараться!" — и пошел. Идет, ногу выпрямляет, подошвой шаг выбивает, любо! Государь опять отличил: "Похвально,— говорит,— капитан!". Ермилов опять: "Рад стараться!" — и пуще старается. Государь еще похвалил. "Благодарю,— говорит,— майор!". Бог знает, может, Ермилов в этот день до генерала дошел бы, только вдруг как споткнется он, да плашмя на землю! Государь сразу: "Негодяй! Неуч! В рядовые! Из строя вон!". Вот тебе и генерал.

Все кругом засмеялись, но вместе с тем каждому стало словно не по себе. Старый капитан вздохнул и покачал головой.

— Да, тяжелые времена пришли! — сказал он.— При матушке царице того не было. Нынче больше в ногах правды, нежели в головах! Пойду снова солдатушек муштровать!

Он ушел, а на смену ему вошел новый офицер. Невысокого роста, с угрюмым и злым лицом, он казался пожилым, несмотря на свои тридцать восемь лет.

— А, Брыков! — окликнул его красавец Ермолин.— Ну, как твой брат?

Тот взглянул на него исподлобья и ответил резко, отрывисто:

— Умер! Утром приехал с вотчины староста. Горячка одолела и умер.

— Царство ему небесное! — перекрестились несколько офицеров.

— Так ты теперь богач, стало быть? — сказал тот же Ермолин.

— Стало быть,— сухо отрезал Брыков и вышел из комнаты.

— Жмот! — вслед ему произнес Ермолин. Его слова подхватили другие офицеры.

— Действительно, этот — не то, что брат!

— Тот офицер был! Душа нараспашку! А этот!..

— Этому ростовщиком бы быть!

— А жаль Семена!

— Он, кажется, и жениться хотел?

— Как же? Девица Федулова... на Дмитровке...

В кордегардию вдруг влетел шеф полка. Толстый, огромный, красный от волнения, он стал кричать сиплым голосом:

— Господа офицеры, что же это? Или завтра шутки у нас? За всем доглядеть, а вы — вот! с разговорами? Прошу в эскадроны!..

Офицеры нехотя побрели по своим эскадронам. В казармах шла работа. Время близилось уже к ночи, но никто и не думал спать. Смотр был назначен к шести часам утра, значит, в строю всем необходимо быть с пяти, а до того времени причесаться да одеться еще надо.

В одной обширной казарме солдат причесывали. Они сидели на скамьях, завернутые в холщовые простыни, и по рядам их торопливо бегали два полковых парикмахера. Длинные волосы, обильно смазанные салом, заплетались в косицу; в нее вплетали железную проволоку, которую потом загибали полукругом кверху, и тогда к концу косицы прикрепляли связь в виде кошелька. На голову надевали железный обруч с привязанными к нему буклями из пакли и затем всю эту куафюру пудрили.

Один парикмахер бегал с ковшом кваса и, набрав кваса в рот, прыскал им на голову солдата; другой тотчас на мокрую голову щедро сыпал муку, а солдат все время сидел неподвижно. Эта операция повторялась три-четыре раза, и наконец на голове солдата образовывалась толстая кора белого клейстера. Его отпускали, но с этой прической он не смел спать: во-первых, и спать было неудобно; во-вторых, такая прическа представляла столь заманчивое блюдо для крыс, что, случалось нередко, уснувший солдат просыпался с отъеденной косицей.

От парикмахера солдат гнали надевать лосины. Это было

тоже своего рода мучением. Смоченную кожу солдаты натягивали на ноги, а затем становились вдоль стен казармы, выпрямив ноги, и стояли до тех пор, пока кожа не высыхала на их ногах, плотно обтянув каждый мускул. После этого они уже облекались в мундиры.

Брыков прошел в свой эскадрон, где был поручиком, и, осматривая солдат, не без тайной радости думал, что теперь, со смертью своего двоюродного брата, он действительно стал богатым человеком. Теперь конец всяким издевкам да насмешкам товарищей. Теперь он все может: захочет в карты играть, или коня купить, или прелестницей обзавестись — он все может! Только таким дураком он не будет. Нет! Деньгам моасно найти применение и получше.

И он тихо засмеялся своим думам.

Все его! И Маня теперь его будет! Пусть не любит: отец все равно силком заставит.

И при мысли о Мане Брыков забыл все: и предстоявший парад, и императора Павла. Ему мерещились богатство, покой, почести и красавица Маша, которую он любил всей своей необузданной натурой, несмотря на то что она была невестой его брата.

II

ГРОЗА

Император был не в духе. Всю дорогу от Петербурга до Москвы он ни в чем не встречал для себя приятного. Всюду, где ни останавливался, он видел только непонятные ему страх и трепет. Желая ехать тихо и скромно, на всем пути он был оглушаем криками согнанного, перепуганного народа. Он

5

понимал, что не в меру ретивые слуги стараются угодить ему, и выходил из себя, с досадой думая, что нет никого вокруг, кто понял бы его. И так было до самой Москвы. Под Москвой его встретил старый Долгорукий, и — то же подобострастие. Об Архарове же и говорить нечего: брат Николая!

Государь проснулся мрачный, нахмуренный, несмотря на ясное апрельское утро.

— Посмотрим, каковы они на учении,— сказал он Кутайсову, который, хотя и имел графский титул и звание обершталмейстера, продолжал брить государя, находясь при нем безотлучно.

Кутайсов слабо усмехнулся.

— Надо думать, и тут, государь, мало успешности, ибо не отвыкли еще от прежней воли!

— Воли! — вскрикнул Павел.— В военной службе, сударь мой, нет этого слова! Я им покажу сегодня! Да! Они, кажется, все живут здесь очень уже барственно!.. Пора! — сказал они встал.

Было пять часов утра, когда он вышел из своих покоев и, окруженный свитой, поехал на Девичье поле.

В Москве стояло в то время до тридцати тысяч войска, и теперь выстроенные в правильные ряды тридцать тысяч человек дрожали за свою участь.

В зеленом сюртуке с белым отворотом, в треуголке и лосинах, с тростью в руке, император курц-галопом приблизился к войскам. Оркестр заиграл гимн "Коль славен", знамена опустились.

Император поехал по рядам, и раскатистое "ура" понеслось от края до края. Солдаты стояли недвижно и "ели", государя глазами.

Лицо императора начало проясняться, как вдруг его взгляд упал на одного офицера, и он разом осадил лошадь.

— Это что у вас, сударь? — резким голосом проговорил он, указывая тростью на мундир.

Молодой офицер побледнел и молча глядел на государя, не понимая своей вины.

— Это что? — уже грознее повторил государь, ткнув его в грудь тростью.

Офицер взглянул и застыл: на отвороте мундира бессильно, на одной нитке, болталась пуговица.

— За... за...— начал офицер, но государь перебил его, резко сказав:

— На царский смотр в таком виде! Что же ваши солдаты? Под арест, сударь, под арест!

Несчастный офицер увидел, как сверкнул на него гневом взгляд шефа полка, и почувствовал себя совершенно потерянным.

Государь уже отъехал в сторону и подал знак. Ряды полков один за другим проходили мимо него, напрягая все свои силы и все внимание, чтобы угодить царю. Это была трудная задача.

В то время маршировали журавлиным шагом: рраз! — и правая нога, вытянутая прямо, не сгибаясь выносилась вверх. Солдат вытягивал ее так, чтобы подошва ноги была параллельна земле, и в таком положении держал неподвижно ногу. Ревностные фронтовики следили, чтобы поднятые ноги всего ряда представляли собой неподвижную линию. Два! — и нога должна была разом всей подошвой ударять по земле. Очевидно, при такой муштровке всегда можно к чему-либо придраться, и на государя в этот злополучный день угодить было трудно.

Наказанный офицер, чувствуя всю несправедливость выговора, шел с правого фланга своей роты взволнованный и возбужденный. Государь еще издали заметил его и нахмурился. Офицер насторожился. Солдаты поняли, что им надо отличиться, и удвоили свое внимание. Раз, два! — отбивали они шаги, приближаясь к государю.

Он гневно замахал тростью и закричал:

— Скверно!

— Хорошо, ребята! — звонким голосом выкрикнул офицер.

— Скверно! — еще громче крикнул изумленный Павел.

— Хорошо, ребята! — в свою очередь крикнул офицер и прошел мимо государя, четко и быстро отсалютовав ему.

Государь гневно обернулся к Архарову:

— Кто такой?

— Поручик Башилов! — с трепетом ответил Архаров.

— Позвать!

В это время приближался Нижегородский полк. Выдвинувшись вперед, Ермолин подскакал к государю и, ловко осадив коня, стал рапортовать: столько-то налицо, столько-то отсутствуют.

— Поручик Брыков, из второго эскадрона, выбыл за смертью...

— Верно, нерадив был? — сказал Павел.

— Никак нет! — ответил растерявшийся Ермолин и поправился: — Виноват!

— Дурак! — отрезал Павел.

Сконфуженный Ермолин отъехал в ряды его свиты, а драгуны стройно стали проезжать мимо царя. Но ему все не нравилось.

— Скверно, скверно! — бормотал он вполголоса и нетерпеливо отмахивался тростью.

Парад окончился. Павел зорко оглянулся и, увидев провинившегося офицера, вспыхнул.

— Вы, вы, поручик! — закричал он, наскакивая на Башилову.— Почему вы говорили "хорошо", когда все было скверно? А?

Башилов сознавал свою погибель, и отчаяние охватило его.

— Если бы я не поддержал солдат, они совсем спутались бы от слов вашего величества, а мне и то за пуговицу солоно будет! — смело ответил он.

Лицо Павла сразу приняло спокойное выражение.

— Верно! — сказал он.— Ну, я тебя за пуговицу прощаю, капитан! — И, повернув коня, он поскакал с поля.

Башилов стоял как столб и не верил своим ушам. Он ждал уже ссылки, и вдруг произведен через чин.

— Ура! — вдруг заорал он и бегом бросился к своей роте.

Государь оставался в скверном настроении.

— Не терплю Москвы,— говорил он своим приближенным,— скорее вон из нее!

Против своего желания он появился на бале, который

давало местное дворянство в честь его приезда. Стоя у одной из колонн, он рассеянно смотрел на танцующих, как вдруг его взгляд прояснился и на губах появилась улыбка.

— Узнай, кто это! — тихо сказал он Обрезкову, своему личному секретарю.

Тот взглянул но направлению царского взгляда и увидел пышную молодую красавицу. Ей было лет девятнадцать. Высокая ростом, с алебастровыми шеей и плечами, со свежим невинным лицом, она являла собою тип русской красоты.

Обрезков наклонился к Архарову и спросил:

— Кто это?

— Это? — Архаров улыбнулся.— Первая наша красавица, Анюта Лопухина, дочь Петра Васильевича.

— Государь хочет беседовать с нею,— шепнул Обрезков.

Архаров суетливо скользнул из свиты. На той стороне зала произошло легкое смятение. Девушка вдруг вспыхнула, а через минуту, низко приседая перед государем, смело глядела на него ясными детскими глазами.

Гоеударь ласково улыбнулся ей, но сказал с обычной резкостью:

— Вы самая красивая из всех московских красавиц.

Лопухина покраснела и стала еще милее.

— Взгляда вашего величества довольно, чтобы дурнушку обратить в красавицу,— робко сказала она.

— Ого! Вы и придворная дама! — засмеялся государь и прибавил: — Это уже недостаток!

— Но я счастлива, что все же вызвала улыбку на лице своего государя,— тихо сказала она.

Лицо государя омрачилось.

— Меня никто не понимает и все раздражают,— сказал он,— я недоволен Москвой.

Окружающие отошли в сторону. Государь говорил с молодой Лопухиной, и дурное настроение его исчезало и таяло. Целомудренному и мечтательному, с нежной душою, государю эта девушка казалась неземным созданием. Ее глаза, полные наивной прелести, отражали в себе небо, а голос звучал как музыка.

— Вы должны жить в Петербурге,— сказал он ей на прощание.

— Как угодно будет вашему величеству.

Карьера Лопухиных была сделана.

Государь послал на другой день Обрезкова к Лопухину с приказанием к его возвращению из Казани быть с семьей в Петербурге. Лопухин получил место сенатора с увеличенным окладом, его сын был назначен флигель-адъютантом, и, понятно, Лопухин не посмел отказаться от таких милостей.

Государь выехал из Москвы, примиренный с городом, а вся знать тотчас устремилась к дому Лопухиных приветствовать царских фаворитов.

— Ну, пронесло! — с чувством облегчения говорил добродушный Архаров.— Спасибо Анюточке. Не будь ее, хоть могилу рой!..

III

ЗЛОДЕЙ

Если высшие чины были озабочены настроением императора, то младшим чинам до этого было мало дела. Отбыли мучительные часы парада, пережили немалые страхи — и баста! Большинство едва довело своих людей до казарм, как устремилось по домам, чтобы уснуть хорошенько от трудов и пережитых волнений.

Радостный Башилов говорил всем встречным офицерам: "К вечеру ко мне, сударь! На радостях такой пир устрою!" — и подмигивал товарищам, знавшим его как веселого малого.

Ермолин тоже звал к себе на вечеринку.

— Всего "дураком" отделался,— хвастался он.

10

— Ты приедешь? — спросил он Брыкова.

Но тот только пожал плечами.

— Пусть он поплачет по брату, — с насмешкой сказал один из офицеров, — все же наследство получит!

Брыков сверкнул на него злыми глазами и поспешил домой. Он жил в небольшом домике на Москве-реке, состоявшем всего из четырех крохотных каморок. Он вошел, торопливо разделся при помощи денщика и, завернувшись в халат, угрюмо сказал солдату:

— Дай трубку и позови Еремея!

Денщик поспешно сунул ему длинный чубук в руки, присел на корточки, приложил зажженную бумажку и потом стал раздувать огонь, отчего его щеки надулись и покраснели.

Брыков нетерпеливо пыхнул ему в лицо дымом и крикнул:

— Ну, ну! Довольно! Зови Еремея!

Денщик бросился из комнаты, словно испуганный заяц.

Брыков сел плотнее в жесткое кресло, стоявшее у окна, и задумался.

Когда человек, зная, что никто за ним не следит, отдается своим мыслям, тогда его лицо без всякого притворства выдает весь его характер, и если бы теперь кто-либо взглянул на поручика Нижегородского драгунского полка Дмитрия Власьевича Брыкова, то вздрогнул бы от чувства омерзения. Брыков был противен. Его четырехугольная голова с короткими, жесткими волосами, низкий лоб и глубоко ушедшие в орбиты маленькие злые глазки, его выдающиеся скулы, широкий нос и узкие губы — все изобличало в нем низкий и жестокий характер. Он сидел, сдвинув густые брови, и искривил улыбкой тонкие губы, забыв обо всем окружающем.

Вдруг подле него раздался легкий кашель. Брыков вздрогнул, поднял голову и увидел Еремея, дворового человека своего скоропостижно умершего брата.

Этот Еремей был совершенно под стать Брыкову, только его лицо, грубое и зверское, выражало более наглости, нежели лукавства. Он поклонился Брыкову и переминался с ноги на ногу.

Брыков кивнул ему и сказал:

11

— Посмотри, нет ли кого около!

— Кому быть-то? — ответил Еремей.— Петр коня чистит, а Федька без задних ног — опять пьян.

Брыков вздохнул с облегчением и, подозвав к себе Еремея, тихо сказал ему:

— Расскажи мне снова, как умер Семен Павлович?

— Чего рассказывать-то? — сказал Еремей.— Я уже говорил. Как подмешал ему порошка, что вы дали...

— Тсс...— испуганно остановил его Брыков. Еремей пугливо оглянулся и заговорил совсем тихо:

— Он выпил так, к примеру, в обед, а к вечеру и занедужил. Кричит, катается, изо рта пена так и валит. "Лекарь-то где?". Лекарь далеко! — Он усмехнулся.— Ну, кричал, кричал он и затих. А я, значит, на коня и к вашей чести!..

Наступило молчание.

— А если он не умер? — вдруг спросил Брыков.— Ежели лекарь поспеет? Ты весь порошок засыпал?

— Без остатка. А что до лекаря — не поспеть ему! Где? Десять верст, почитай, Как ни спеши, в десять часов не обернешься.

Брыков кивнул головой и улыбнулся.

— Теперь только за вами вольная,— смело сказал Еремей.

— Дурак! Вольная! Как же я дам ее, коли я не хозяин еще? А пока на тебе...— Брыков встал, прошел в соседнюю комнату, щелкнул немецким замком от денежной шкатулки и вернулся в горницу.— Вот пока что золотой тебе! Пропей!

Еремей с небрежным видом взял монету.

— А вольную все-ж заготовили бы, что ли,— повторил он,— чтобы на случай...

— Дурак! Скотина! Или слов не понимаешь? Все тебе будет. Подожди, когда хозяином стану! — закричал Брыков, а затем, оправившись, сказал уже спокойно: — Завтра возьми воз, Федьку прихвати и к Семену Павловичу на фатеру. Все бери, складывай на воз и сюда вези! Коли Сидор что говорить будет — прямо бей. Я квартальному объявлюсь. Конь там у покойника был, Сокол, серый такой, его приведи тоже, а за остальным второй раз. Теперь иди!

12

Еремей радостно поклонился и вышел. Последнее поручение порадовало его. Сидор, старый дядька Брыкова, был ненавистен Еремею, и он собирался покуражиться над ним.

— Петр! Снаряди мне коня да иди, помоги одеться. Живо!

"Поеду к Машеньке теперь,— подумал он со злой усмешкой.— Как-то она сватовство мое примет? Ха, ха, ха! Братец уехал дела устраивать, домик для молодой жены готовить: ан на место его другой женишок. Славно! Что же, Марья Сергеевна, фамилия та же будет, имения те же; чего кобениться? Сергей Ипполитович даже с полным удовольствием согласен, потому почет, покой..."

Последнюю мысль Брыков выразил уже вслух, и удивленный денщик остановился в дверях и смотрел на него, разинув рот.

— Ну, чего глаза, дурак, пучишь! — закричал на него Брыков.— Давай рейтузы да сапоги. Ах, дубина, дубина... бить тебя каждый день надо! — И он дернул суетившегося денщика за вихор.— Ну, давай краги, давай хлыст, веди коня!

Конечно, приказание было мигом исполнено. Тогда Брыков вышел на крыльцо и, ловко вскочив на лошадь, сказал на прощанье:

— Коли Федька очухается, вместе с Еремеем всыпьте ему двадцать плетей. Да смотри — жарче! А то я и тебя!..— И, погрозив хлыстом, Брыков медленно выехал за ворота.

Петр закрыл за ним ворота и с ненавистью посмотрел ему вслед.

— Что, али не люб? — насмешливо спросил Еремей.

— Аспид,— сказал Петр, покрутив головой,— кровопивец! Хожу я и дрожмя дрожу, потому он двух до меня насмерть забил!..

— В аккурат,— грубо засмеялся Еремей.— Чего же вы-то в зубы глядите? Ась? Штык при тебе аль нет?

— Что ты, что ты?! — испуганно забормотал Петр.— С нами крестная сила! Какое говоришь!..

— Ха-ха-ха! Испугался!

IV

БРАТНИНА НЕВЕСТА

Павел Степанович Брыков, отставной генерал, разбогатевший милостями князя Потемкина, проживал в своей подмосковной усадьбе с молодой женой и шестилетним сыном, когда его брат, Влас Степанович, умер, оставив без всяких средств к жизни восьмилетнего сына Дмитрия. Павел Степанович тотчас взял к себе сиротку-племянника и стал воспитывать его вместе со своим сыном, записав его также, наравне с сыном, сержантом в Нижегородский драгунский полк.

Дети росли и обнаруживали совершенно разные характеры. Насколько Семен, сын Павла Степановича, был добр, ласков, общителен и весел, настолько Дмитрий, его двоюродный брат, являлся нелюдимым, злым и завистливым.

— Ох, испортит он нашего Сенечку! — жаловалась Брыкова, на что муж отвечал ей:

— Что ты! Скорее наш Семен этого волчонка приручит.

— Истинно волчонок.

— Так-то так, — говорил старик, — а возьми и то, что все ему понятно. Живет он вроде как на хлебах. Вырастут они — и Семен богат, и он со своим офицерским жалованьем!

И действительно, Дмитрий рано выучился понимать различие положений, своего и брата, и рано выучился завидовать и ненавидеть.

Так шло до той поры, когда они вступили в полк. Внешнего различия старик для них не делал, но, когда он умер и все перешло к Семену, различие сказалось само собою. Карманные деньги, деньги на жизнь, на одежду, все, что старик давал поровну, пришлось теперь Дмитрию получать из рук двоюродного брата. Это было уже не под силу, и, несмотря на ласковое упрашиванье брата, он съехал от него и зажил суровой жизнью бедного офицера, держа в своем сердце злобные мысли о мщении.

Встреча с Федуловой еще сильнее разожгла в нем ненависть к брату. Они увидели ее на одной вечеринке, оба в одно время и оба сразу влюбились в нее. День и ночь, ясное солнце и темная туча, а если к этому прибавить, что Семен был богат, а Дмитрий был нищий,— то уже не останется никаких сомнений относительно шансов того и другого. Ведь даже полюби Марья Федулова Дмитрия, отец не позволил бы ей и думать о нем.

И Дмитрий с завистью и гневом следил за романом своего брата. И когда Семен явился к нему как-то вечером и, бросаясь ему на шею, воскликнул: "Брат! Она любит меня! Мы женимся!" — Дмитрий едва сдержался, чтобы тут же не задушить счастливого любовника.

— И женись на здоровье! — пробурчал он, давая в душе клятву не простить ему этого счастья.

И добиться этого оказалось легко... Теперь он богат, брата нет на его пути, и Маша при старании может быть его!..

При этой мысли у Брыкова даже слегка закружилась голова. Он сдержал коня и поехал тише.

На Малой Дмитровке, окруженный садиком с густыми липами, стоял маленький, ветхий домик Сергея Ипполитовича Федулова, отставного стряпчего из уголовной палаты. Этот домик Федулов получил в приданое за своею покойной женой и теперь жил в нем с семнадцатилетней дочерью Машей, казачком Ермолаем, которому было уже сорок лет, и старой Марфой, вскормившей и вынянчившей Машу. По всей Москве считался он "приказным крючком", и, если случалось какое-либо кляузное дело, всякий обращался к Сергею Ипполитовичу, кланяясь ему полтиною, рублем, а иногда и золотым.

Сухой и черствый старик, своими придирками загнавший в гроб жену, Федулов смотрел на все в жизни с практической точки зрения, даже свою дочь считая ни чем иным, как ходовым товаром, и, когда подвернулся ей такой жених, как Семен Брыков, он был очень доволен, что его расчет так ловко соединился с дочерней любовью.

Маша же была вся в мать: робкая и мечтательная,

15

совершенно чуждая житейских расчетов, она, полюбив Брыкова, даже мгновения не думала о его богатствах.

В этот злополучный вечер Сергей Ипполитович сидел под окошком с трубкой в зубах, Маша же у стола старательно вышивала бисерный кошелек для своего жениха, и они вполголоса вели беседу, вернее, разговаривая каждый с самим собой, нежели с другим,— такой способ мирного собеседования установился у них с давних пор.

— Завтра непременно приехать должен,— сказала Маша,— от царского смотра его Господь уберег, а то бы, может, и нынче здесь был.

— Где молодому человеку хозяйство вести! — воскликнул старик.— Старосты, поди, как его грабят. Я ему вместо управителя буду теперь.

— В мае плохо, говорят, венчаться. Весь век маяться будешь. Вот кабы в конце апреля успеть!..

— Дом этот в наймы отдам, а сам в это самое Брыково и перееду. Ну их к Богу, кляузы эти!..

В это время у палисадника послышался конский топот.

— Никак к нам! — сказал старик.

— Он! — воскликнула Маша и легче серны выскочила из комнаты.

Она сбежала с крыльца и с криком "Сеня" побежала к калитке, где торопливо привязывал рвоего коня офицер. Но, добежав до калитки, Маша снова вскрикнула не то в испуге, не то в разочаровании.

Дмитрий Брыков злобно усмехнулся, увидев ее смущенное лицо, и, грубо взяв ее руку, сказал с горькой усмешкой.

— Думали — Сеня, ан — Митя!.. Ну, что же!.. Ведь все же Брыков пожаловал.

— Вы от Семена Павловича? — быстро спросила его Маша.— Когда он будет?

— Сам от себя я,— ответил Брыков,— а когда он будет, не знаю. Может, и не будет вовсе! — И он засмеялся.

— Как не будет? Почему? — тревожно спросила Маша.

— Может, и помер!

Девушка прижала руку к сердцу и тяжело перевела дух.

— Вы — злой! — сказала она ему с укором.

Брыков засмеялся снова, а потом взглянул на нее огненным взглядом и прошептал:

— От вас зависит сделать меня добрым!

Маша ничего ему не ответила, круто отвернулась от него и вошла в комнаты.

— Ты с кем это? — спросил ее старик.

— Дмитрий Власьевич! — презрительно ответила она.

Старик с недоумением отнял от губ трубку.

— Чего это он?

В это мгновенье в горницу вошел Дмитрий и, подойдя к старику, сказал:

— По делу, государь мой, по делу.

— Милости просим,— ответил старик,— садитесь. Гость будете. Что братец?

Маша собрала свое вышиванье и вышла из комнаты. Дмитрий посмотрел ей вслед, тихо усмехнулся, потом встал, прикрыл дверь и вернулся на прежнее место. Старик глядел на него с недоумением.

— А дело вот какое,— тихо заговорил Дмитрий, наклоняясь к Федулову,— брат мой, Семен, у себя в имении помер.

Старик откинулся и раскрыл рот.

Дмитрий только кивнул головой и продолжал:

— Да, помер мой брат, и я теперь — всего наследник. Так вот, я хочу быть всего наследником и хочу жениться на вашей дочери, и вы уговорите ее! За то вам особая награда будет!

Старик оправился от неожиданности и уже внимательно слушал Дмитрия.

"Что же,— мелькало в его уме,— не тот, так другой. Денежки те же, покой тот же, а этот еще награду сулит! Что же, не в девках сидеть Машутке!"

— На все воля Божья,— сказал он вздохнув,— а я согласен! Ну, новый зятюшка, поцелуемся! — прибавил он весело, и на его лицо вернулось прежнее спокойствие.

Они поцеловались.

— С чего же это Семен Павлович помер? — спросил старик.

— А не знаю еще! — беспечно ответил Дмитрий.— Горячка, что ли? Только вчера с усадьбы приехал Еремей и доложил мне, а ныне и государю сообщено.

— Ах! — раздался в ту же минуту крик за дверью и что-то грузно упало на пол.

Дмитрий вскочил и бросился к двери, которую с трудом отодвинул. На полу лежала Маша, лишившаяся чувств. Дмитрий легко поднял ее с пола и перенес на диван.

— Подслушивала,— резко сказал он старику.— Позовите слуг, а я поеду. Завтра за ответом буду.

— Ладно, ладно,— растерянно ответил Федулов и стал беспомощно кричать: — Марфушка, Ермолай! Черти!

— Что глотку дерешь? — вбежала старая Марфа, но, увидев бесчувственную Машу, только всплеснула руками и крикнула: — Ахти мне! Чем ты ее, греховодник, до такого довел? А?

— Молчи, молчи, дура-баба! Семен Павлович умер, а она узнала!..

— Жених? Семен Павлович? Ахти мне!

— Да ты что, чертова кочерга, воешь? Ты ее в чувство приводи! — рассердился старик.

— Сейчас, сейчас,— захлопотала старуха.— Я ей перышком покурю! Живо! — и она помчалась в кухню, вернулась с пучком птичьих перьев, зажгла их и напустила такого смрада, что все стали чихать и кашлять.

Маша тоже закашлялась и очнулась.

V

РАЗГРОМ

Сидор Карпович, бывший дядька Семена Брыкова, а потом его дворецкий или мажордом (как называл он себя), встал ни свет ни заря и занялся порядком. Это значило, что, где ворча, где болтая, он обошел пять господских комнат, вошел в кухню и там остался, не зная в доме места теплее и уютнее.

Сидор Карпович был седой, степенный старик с выправкой старого слуги екатерининского времени. В холщовой рубашке с жабо, в желтом нанковом сюртуке, в чулках и башмаках, он время от времени вынимал из кармана тавлинку и с важной миной набивал табаком свой красный нос, нагло свидетельствовавший о единственной слабости старика.

Затем Сидор вышел в прихожую и первым делом ткнул в бок спавшего на конике Павла, казачка и рассыльного, малого шести футов ростом. Тот вскочил как ужаленный и спросонья вытаращил глаза.

— Дрыхнешь! — с укором заговорил Сидор. — Восемь часов, а он дрыхнет! Вставай, ленивец! Вот я ужо...

Павел пришел в себя и обозлился.

— Чего же мне делать-то, вставши? — сказал он. — На вас глядеть, что ли?

— Так! А чистоту блюсти?

— Да чего ее блюсти-то? Барина нет, все прибрано.

— А приедет? Ты гляди, рожа-то у тебя? Опухла ведь вся! Лопнуть хочет! А космы... Поди, поди, умойся, очухайся, а то я тебя как возьму за вихры! — Он погрозился и пошел дальше.

Гостиная с пузатой мебелью красного дерева, с ясно навощенным полом, картинами на стенах и клавикордами действительно блестела чистотою. Дальше были рабочая комната и спальня, затем курительная с низкой турецкой мебелью, с целой стойкой трубок, оружием по стенам и, наконец, столовая; все было в таком порядке, что хоть сейчас вводи хозяйку и хвастайся.

19

Сидор Карпович остановился в прихожей, торжественно понюхал табаку и прошел в кухню, где Степан Лукьянов разводил уже жаркий огонь.

— Наше вам! — приветствовал он дворецкого.— Как почивать изволили?

— Ничего себе. Спасибо, Лукьяныч! — ответил старик, присаживаясь у стола.— Поснедать бы чего малость, а? Червячка заморить! А? — И он подмигнул повару. - В одночасье!

Скоро перед стариком стояли штоф "Ерофеича", тарелка груздей и кусок жирной грудинки. Старик жадно начал выпивать и закусывать, говоря в то же время:

— Не иначе, как нынче должен барин приехать. Ишь, неделя как нету, а обещал в три дня обернуться. Марья-то Сергеевна, поди, стосковалась! Ты, Лукьяныч, нынче изготовь к господскому обеду все по правилу. Беспременно будет.

— Сидор Карпыч! — вдруг раздался испуганный оклик, и в кухню влетел Павел.

Дворецкий поднял на него укоризненный взгляд.

— Ну, чего орешь? — спросил он.— Сидор Карпыч! Сам знаю, что Сидор Карпыч! Чего тебе?

— Еремей приехал! — ответил Павел.— Да с телегою.

— Ну, ну! Барин послал и приехал. Зови его сюда!

— Барин, да не наш, а Митрий Власьев! И Федька с ним.

— Ну, Федька, и пусть Федька. Зови их!

Но в эту минуту без всякого зова в кухню вошел Еремей и остановился перед Сидором, не снимая с головы шапки. Старик сурово взглянул на него.

— Чего шапки то не снимешь? — сказал он.— Ишь, словно в кабак ввалился. Зачем барин прислал?

— Было бы перед кем шапку ломать,— ответил Еремей, нагло улыбнувшись.— Довольно! Покланялись!

Старый Сидор даже откинулся от такой наглой речи. А Еремей продолжал:

— А барин прислал за тем, чтобы все, что ни есть в доме, на воз уложить и к себе везти, а тебя, старого пса, на веревку взять

20

да к той же телеге привязать! За тем и приехали! А вы живо! Помогать!

Дворецкий ничего не понял из его речи, но в то же время услышал в комнатах какую-то возню и грохот.

— Стой! — сказал он сердито.— Что ты там намолол? Пьян, что ли? Какой барин? Куда везти?

— К нашему барину,— ответил Еремей,— к Дмитрию Власьевичу Брыкову, потому как Семен-то Павлович побывшился...

— Как побывшился? Кто сказал? — закричал старик, вскочив на ноги.

— Хоть бы и я! — усмехнулся Еремей.— А теперь-то уже и всем ведомо. В государевом приказе есть!

Старик схватился за голову, но через минуту очнулся.

— Так его сюда везут?

— Прикажет барин — и привезут, его воля. А теперь имущество давай!

— Имущество? — грозно сказал старик.— Нет такого права. Доколь не увижу своего барина мертвым, чубука не отдам!

— Сами возьмем! — усмехнулся Еремей и двинулся в комнаты.

Старик бросился за ним, вбежал в комнаты и на мгновение замер. Федька и мужик уже успели очистить гостиную и дружно волокли из кабинета красивый будь.

— Разбойники! — закричал Сидор, бросаясь на них.— Пошли прочь! Павлушка, беги за квартальным! Батюшки, грабят: Степан, Антон!

Однако Еремей ухватил его за ворот сильной рукой и, отбросив в сторону, сказал:

— Нишкни, если не хочешь батогов узнать! Сказано тебе — барский приказ!

— Да я к квартальному!

— Ну, и что будет тогда? — раздался позади него насмешливый голос, и растерявшийся старик увидел перед собой Дмитрия Брыкова и с ним квартального.

— Батюшка,— растерянно пробормотал Сидор,— да что же это?

— А то,— сказал Брыков,— что брат помер и я теперь над тобой барин, а потому, если не хочешь на съезжую, то не шуми!

— Да как же волочить-то все? Ведь по суду!

— Я тебе покажу суд! Собака!

Старик всплеснул руками и залился беспомощными слезами, а тем временем Федька, Еремей и мужик тащили мебель, обдирали ковры и все валили на воз.

Брыков ходил по разоренным комнатам с квартальным и говорил ему:

— Ты опись-то давай! Я тебе все сам скажу, да не мешкай!

— Я, ваше благородие, мигом,— подобострастно сказал квартальный.

— Что же это? Разбой! Как есть разбой! — твердил, всхлипывая, старик Сидор и беспомощно разводил руками.

Еще два раза приезжал пустой воз во двор и уезжал полный доверху. Уже темнело, когда Дмитрий Брыков снова сказал старому Сидору:

— Завтра приди ко мне, я тебя на усадьбу пошлю. Барина хоронить будут, а там вернешься и мне отчет дашь! А вы,— обратился он к остальным слугам покойного брата,— все завтра ко мне! Соберите пожитки и без проволочки, чтобы все были налицо!..

Он уехал. Тихие сумерки наполнили воздух, и опустевшие, ободранные комнаты приняли мрачный вид. Слуги покойного Брыкова, угрюмые и унылые, собрались в кухне и говорили вполголоса, в то время как Сидор с тупым видом сидел на табурете и только тяжко вздыхал.

— С чего помер-то? — спросил конюх Антон.

— Говорят, горячка,— сказал Павел и махнул рукой.— Да не все ли равно? Нет нашего барина!

— Теперь беда!..— сказал Степан.— К этому живодеру в лапы? Смерть!

— Чтобы я к нему? — воскликнул Павел.— Сбегу! Вот-те

Христос, сбегу! Федька говорил: вчера его так-то драли! Да он заморит!

— Истинно!

Сидор вдруг встрепенулся и глухо произнес:

— Чтобы я, старый дядька покойника, да пошел служить к этому слетку? Да ни в жизнь! Уеду завтра, поклонюсь праху барина-упокойника, и только меня и видели. Умер, сердешный! Собирался жениться и поженился на сырой земле! Барин ты мой милый! — И старик, упав головою на стол, залился горючими слезами верного слуги по своему господину.

VI

СПАСЕННЫЙ ОТ СМЕРТИ

Немало девиц завидовали Маше Федуловой, когда услышали, что она засватана Семеном Павловичем Брыковым, а сама Маша и верила, и не верила своему необыкновенному счастью. И правда, Семен Брыков всем взял. Высокого роста, широкий в плечах, с круглым, открытым лицом, на котором ласково светились большие серые глаза, он являл собою тип русского красавца. Веселою нрава, с нежной, отзывчивой душой, он одним появлением оживлял общество и заставлял сильнее биться девичьи сердца. И при этом — богач! Если прибавить, что он посватался к Маше с ее согласия, что они искренне любили друг друга, то понятно будет безмерное счастье Маши.

В один ясный весенний вечер она сидела раз со своим женихом в маленьком садике. Оба молчали от переполнявшего их счастья. Синее небо уже темнело, над горизонтом поднималась красная как кровь луна, аромат распускавшейся

23

сирени наполнял воздух, и вдруг, в этот торжественный миг, запел соловей. Маша не выдержала и в слезах приникла к груди жениха. Он обнял ее и тревожно наклонился к ее лицу.

— Что с тобою? О чем ты?

— Я... я так счастлива! — прошептала она и, отодвинувшись от него, задумчиво сказала: — Я сейчас испугалась за свое счастье. Оно слишком велико. Сеня, милый мой, я боюсь несчастья!

Брыков попробовал засмеяться, пошутить, но злое предчувствие сжало и его сердце.

— Слушай же, Маша,— сказал он ей торопливо и торжественно,— я завтра же поеду к себе в Брыково, приведу все дела в порядок, вернусь через три дня, и мы с тобой сейчас же поженимся! Хочешь?

— Милый мой! — смогла только прошептать девушка от избытка счастья.

— А тогда нам уже никто помехой не станет. Выйду в отставку и переедем к себе!

Семен Павлович обнял невесту и стал ласкать ее русую головку, а соловей заливался в кустах, сирень благоухала и поднявшийся месяц обливал все вокруг серебристым, ровным светом.

"Вот счастье,— думал Брыков, тихо возвращаясь к себе домой.— Вот счастье!" — думал он всю дорогу до своего подмосковного имения и, радостный, принялся устраивать в нем свое гнездо.

Староста Никита, старый дворецкий Влас, узнав, что их барин женится, радостно поздравили его и, не мешкая, исполняли его желания; пожилые дворовые ласково улыбались, говоря между собой про новую барыню, а молодые парни да девки вздыхали и за околицей жарче целовали друг друга.

Семен Павлович велел сделать необходимые поправки в доме, указал, как убрать комнаты, когда он пришлет из Москвы нужную мебель, определил дворовым, кому что делать, и к вечеру собирался уезжать, как вдруг внезапно захворал.

Все удивились его болезни. Был он здоров и весел,

пообедал как обычно, а затем пошел в кабинет отдохнуть и велел Еремею принести кваса. В доме все стихло, а спустя час старый Влас услышал стоны в кабинете, вбежал туда, а барин на полу, на ковре, лежит, кричит, корчится и лицо все посинело даже.

— Барин, голубчик, что приключилось? — бросился к нему Влас.

— Отрава! Лекаря! — среди стонов услышал он.

Влас в испуге отбежал к дверям, стал звать слуг, а затем торопливо распоряжаться:

— За лекарем, за знахаркой! Кладите барина на постель! Зовите Лукерьюшку!

Слуги поспешно исполняли приказания Власа, а барин продолжал стонать и корчиться.

В это время в комнату вбежала Лукерья, мельничиха, слывшая за знахарку и служившая повитухой. Она взглянула на барина, всплеснула руками и воскликнула: "Отравлен барин-то! Ахти, беда какая!" — но потом, оправившись, быстро принялась за дело: тотчас потребовала кипятка да молока и стала делать на животе припарки и отпаивать Брыкова молоком.

Тем временем Влас совещался со старостой.

— Упаси Господи, помрет,— говорил он,— экая беда! И откуда отраве взяться? Все так-то его любят.

— Беда! — соглашался староста.

— Теперь беспременно надо в город к ихнему брату, Дмитрию Власьевичу, посылать. Все же свой человек!

— Беспременно! — согласился староста. В результате Еремея послали в Москву.

— Скачи слома голову,— наставлял его Влас,— сначала к Митрию Власьевичу, а потом к его невесте! Знаешь ее-то?

— А как же! — ответил Еремей.— Чай, при барине состою все время.

— Так скачи!

Еремей поскакал в твердой уверенности, что барин умрет через какие-нибудь полчаса. Ему уже виделась воля, он представлял себя бойко торгующим купцом и радостно смеялся, загоняя лошадь.

Но Лукерья знала свое дело, сильная натура Семена Павловича выдержала, и к утру после мучительных болей он заснул сравнительно спокойно.

На другой день он подозвал к себе Власа и тихо спросил его:

— Кто мог сделать такое?

— Повели казнить, батюшка, в ум не возьму! — воскликнул Влас, упав на колена.— Все людишки верные, все тебя любят. Кому за этакое взяться!

— Верно, посуда нечистая или недосмотрел,— сказал Брыков и отпустил Власа.

Он и сам не допускал мысли о преднамеренном покушении. Кому он сделал зло? Он перебирал в уме всех своих дворовых людей и не находил ни одного, кому он сделал бы худо.

Два дня пролежал он в постели и наконец поднялся. Страданья отразились на нем, и первое время на него нельзя было без страха взглянуть — так он изменился. Его лицо потемнело и осунулось, глаза ввалились, подбородок оброс короткими, частыми волосами.

— Заложить коней,— приказал он, едва поднявшись с постели.

— Батюшка, барин! — завопил Влас.— Да куда же ты такой поедешь? Краше в гроб кладут!

— Не могу ждать! Сегодня же еду,— сказал снова Брыков.— Вышли подставу и давай лошадей!

Влас не смел ослушаться, и спустя пять часов Семен Павлович мчался на лихой тройке в Москву.

Увидеть ее, Машу, скорее! Он чувствовал себя так, словно воскрес из мертвых. Вот оно, Машино предчувствие. Простой случай — и он чуть не умер, один, без друзей, вдали от нее. А она ждала бы, ждала!..

При этих мыслях он гнал кучера:

— Скорей, Аким! Гони! Не жалей лошадей!

Аким свистел, гикал, махал кнутом, и тройка мчалась так, словно везла императорского фельдъегеря.

Семен Павлович едва дождался, пока сменили подставу, и помчался снова. Его сердце замирало и билось, по мере того как он приближался к Москве. Был уже вечер. Замелькали огоньки убогих домиков на окраинах. Экипаж запрыгал и застучал, попадая кое-где на каменную мостовую.

Наконец Аким осадил лошадей перед домиком, снимаемым Брыковым. Семен Павлович торопливо соскочил на землю и, подбежав к крылечку, стал стучать.

Безмолвие дома поразило его.

"Неужто все пьяны?" — с досадой подумал он, оглядывая пустой двор.

— Чтой-то, барин,— сказал Аким, вводя во двор тройку,— будто все вымерли!

— Не пойму! Сидор такой исправный, и вдруг... В это время за дверями раздался голос Сидора:

— Кто там! Что надобно!

— Я! — нетерпеливо отозвался Брыков.— Или не узнаешь?

— Кто? Что? — растерянно забормотал голос, и дверь отворилась. Старик Сидор приподнял фонарь, взглянул на Семена Павловича и закричал не своим голосом: — Барин! Милостивец! Ты жив! Павлушка! Степка! Антон!

Из комнат выскочили слуги и с криком радости стали целовать руки барина.

— Да что это вы? — спросил Семен Павлович.

— Как же! Мы думали, что ты, батюшка, помер.

— Чуть не помер! Ну, давай, старик, умыться, а ты, Степан, изготовь что-либо! Голоден я!

— Батюшка! — плача воскликнул Сидор.— Да у нас ведь нет ничего!

— Как? — Брыков оглянулся и только теперь с изумлением увидел, что квартира его пуста, стены ободраны.— Это что? — грозно крикнул он.

Сидор упал ему в ноги.

— Не виновен я ничуточки! Братец твой обобрал все!..

VII

СТРАННЫЕ ВЕЩИ

Семен Павлович слушал рассказ своего старого дворецкого и возмущался все сильнее и сильнее. Ну, положим, Еремей поторопился известить о смерти, но для чего же так торопиться брату? Что, разве его уйдет от него? Он нахмурился и нервно прошелся по комнате.

— Мне завтра в полк являться, и нет мундира! — сказал он.— Пошли Павлушку. Да нет! Я сам! — И, быстро надев шапку, он вышел из дома.

"Странная такая поспешность! — думалось ему.— Я ли не помогал брату, и вдруг?.. А если я умер бы? Даже сам не поехал, а посылать Сидора. Ну, брат, брат!"

Он постучал в дверь квартиры брата.

Через минуту послышались шаги, и распахнулись двери в темные сени. В тот же миг раздался испуганный возглас Еремея. Он отворил дверь и не поверил своим глазам. Перед ним, ярко освещенный луной, бледный и исхудавший, стоял его умерший барин.

— Свят, свят, свят! С нами крестная сила! — орал Еремей, пятясь вглубь.

Семен Павлович вошел следом за ним, говоря:

— Чего орешь, дурак? Разве не узнал барина?

— Что за крик? Кто тут? — раздался грубый голос Дмитрия, и он, распахнув двери, остановился в своей гостиной, запахиваясь в шелковый халат.

Семен Павлович переступил порог и с горькой усмешкой сказал:

— Это — я, брат! Не ждал?

Дмитрий побледнел и отскочил, словно ужаленный.

— Ты... ты не умер? — растерянно пробормотал он. Семен Павлович с укоризною покачал головой и произнес:

— Как видишь, я словно испытать тебя хотел... Поторопился ты...

28

Дмитрий с бледным, искаженным лицом опустился на диван и бессильно забормотал:

— Я, собственно... чтобы сберечь... все расхитили бы... обыкновенно... я, я... я ехать хотел! Как же я рад, Семен! — вдруг словно опомнился он и бросился к брату.

Но тот резко отстранил его:

— Оставь, я верю. Я только пришел к тебе за своими вещами. Мне завтра к шефу быть надо, так мундир и прочее. Ты ведь все взял...

— Сейчас, сейчас! — суетливо проговорил Дмитрий и, бросившись в соседнюю комнату, закричал: — Эй! Федька!

— Так ты мне с Еремеем и пришли! Сейчас только! — сказал Семен Павлович.

— Мигом! — покорно согласился Дмитрий.

Семен Павлович ушел; едва он вышел, Дмитрий позвал Еремея и накинулся на него:

— Да ты что же это, собака? А? Нарочно! Обман?

Еремей отодвинулся от его сжатых кулаков и развел руками:

— Я что же? Я все сделал! Во-о сколько выпил. И Влас меня гнал: скажи, говорит, умирает!

— Ах ты, скот, скот! — Дмитрий злобно запахнулся в халат и, опустившись на диван, задумался: — Вот, все теперь придется отдавать назад снова и опять оставаться при драных стульях... И с Машей Семен обвенчается!

Лицо Брыкова потемнело и исказилось бешенством.

На другой день Семен Павлович, одетый по всей форме, явился к шефу полка полковнику Авдееву. Это был мужчина чуть не семи футов роста, назначенный императором из гатчинских батальонов. Добродушный и веселый дома, он был строгим формалистом на службе.

— Честь имею,— начал Семен Павлович, но Авдеев тотчас перебил его, махнув рукою:

— Нет тебя, поручик! Нет! Выбыл ты из полка нашего!

— Я не подавал господину полковнику прошения, а моя служба...

— Добрая, что говорить, — снова перебил его полковник, — только выбыл ты за смертью. Так и в приказ прописано.

— А ежели я жив и вернулся?

— Не мое дело! В приказе самого императора так значится... Я... я не смею.

— То есть как? — совершенно растерялся Брыков. — Значит, я умерший? Но я жив!

— Не мое дело!

— Так что же я? Кто?

— Вы? Поручик Брыков, выбывший за смертью из полка. Покойник! — сказал Авдеев и сам в недоумении пожал плечами. — Вот и поди!

— Что же мне делать?

— Не знаю, друг, — со вздохом сказал Авдеев, — а в полк тебя взять не могу. Съезди-ка ты к Архарову. Человек он добрый, авось надоумит!

Семен Павлович вышел от Авдеева совершенно расстроенный.

— Брыков! Семен Павлович! Ты ли это? А мы-то тебя похоронили! — с этими возгласами окружили его товарищи, шедшие из казарм после ученья.

Семен Павлович дружески поздоровался со всеми.

— Идем ко мне! Пунш сделаем! — повторил Ермолин, и все гурьбой пошли к нему на квартиру.

— Братцы, — сказал Семен Павлович, обращаясь к товарищам. — Что со мной сделали? Скажите на милость?

— А что такое? — спросили все.

Брыков рассказал про беседу с шефом и спросил:

— И кто поторопился меня в покойники записать?

— Да братец твой! — ответил белокурый офицер. — Он на твое добро зарился.

— Что же ты теперь делать будешь, а?

— Что? Вот схожу к Ивану Петровичу Архарову. Он, говорят, добрый.

В это время внесли на подносе большую чашу пунша.

— А пока что, — воскликнул Ермолин, — за здоровье покойника! Ха-ха-ха! Пей, Сеня!

— Истинно за здоровье покойника! Ура!

Семен Павлович чокнулся со всеми и выпил, но в его сердце не было веселья. Смутное беспокойство овладело им и не давало вздохнуть свободно.

— Прощайте, господа,— сказал он,— не до питья мне! Завтра с новостями приду!

Его не стали задерживать и дружески простились с ним.

Семен Павлович вышел из казармы, и первая его мысль была о Маше.

"Надо к ней! — подумал он и беспечно решил: — Если не примут на службу, ну, что-ж делать? Я и сам хотел в отставку подавать. Уедем — и все!"

В первый миг, когда Маша обняла Семена Павловича и почувствовала на своей щеке его поцелуй, она чуть не умерла, так сильно было ее волнение. После того как она услышала страшную весть о его смерти, жизнь потеряла для нее смысл, и она собралась в монастырь. Отец топал ногами и грозил ей проклятием, но она повторяла одно:

— Ни за кого, кроме Сени, не выйду!... Умер он, и жених мой — Христос!

— Насильно выдам! — злобно кричал старик.

— Умру, а ничьей женой не буду! — твердила Маша.

Старик понял, что с ее упорством ничего не поделать, и зорко следил за дочерью, боясь, что она действительно выполнит угрозу.

И вдруг вернулся тот, кого они считали покойником. Старик растерялся, а Маша обезумела от радости.

— Милый, дорогой! — шептала она, не находя других слов. И не отходила от своего жениха, молча целовавшего ее руки.

— Кхе-кхе-кхе,— смущенно смеялся отец-старик,— вот, значит, и за свадьбу.

— Нельзя сразу,— ответил Брыков.

— А почему?

— Да вот! — И Семен Павлович рассказал всю неприятную историю, связанную с его мнимой смертью.

Старый приказный покачал головою.

— Гм... гм...— сказал он,— трудное дело, мой батюшка! Тут

самая суть, что приказ-то государев? Да? Ну, вот и оно! Кто сей приказ, кроме него, изменить может?

— Не может же быть, чтобы он не признал меня живым! — засмеялся Семен Павлович.— И наш шеф, и я думаем, что генерал-губернатор вступится.

— Милый,— воскликнула Маша,— да не все ли равно? Ну, вышел ты из полка; так уедем к тебе в имение и там мирно жить будем.

Старик насмешливо покачал головой, подумав: "Не будь ты жених моей Маши, я показал бы тебе, чего ты теперь стоишь",— но промолчал. Семен же Павлович только кивнул головой и пожал руку Маше. Они были молоды, любили друг друга, да и кому в эти минуты могла прийти мысль, что живой человек зачислен в мертвецы и нет ему воскресения?

— Завтра я по своим делам отправлюсь и в церковь зайду,— сказал Семен Павлович, прощаясь с Федуловыми.

На другой день он принялся хлопотать, и с этого времени начались его мытарства.

VIII

МЫТАРСТВА ЖИВОЙ ДУШИ

Император Павел, очень ценя деятельного, расторопного и преданного Архарова, был совершенно спокоен за благоустройство столицы и пожелал иметь такого же человека и в Москве. В разговоре об этом Николай Петрович Архаров очень ловко сумел порекомендовать государю своего брата, Ивана Петровича, жившего в деревне на покое. Император немедленно вызвал последнего в Петербург, произвел в генералы от инфантерии, наградил орденом Анны первой степени, дал тысячу душ крестьян и назначил его в Москву в помощники князю Долгорукому в качестве второго военного губернатора.

По своей должности Иван Петрович был скорее просто обер-полицеймейстером и старался как можно лучше исполнять свои обязанности.

Москвичам он пришелся особенно по душе за свое хлебосольство, радушие и веселый нрав. В доме у него всегда толпилось много народу, и он радовался званому и незваному, стремясь каждого напоить, накормить и всячески обласкать. К нему-то и направился прежде всего Семен Павлович.

Был еще ранний час, но приемная Архарова уже была заполнена людьми всяких рангов и званий. Брыков подошел к стоящему у дверей офицеру и спросил его, как повидать Архарова.

— А никакой хитрости! Он сейчас выйдет, к вам подойдет, вы и скажете.

И действительно, почти тотчас распахнулась внутренняя дверь, и в зал вошел Архаров в сопровождении адъютанта, своего неизменного спутника, пруссака Гессе.

Когда император назначал Архарова, тот оговорился, что совершенно забыл военное дело.

— Ну, я дам тебе знающего! — сказал государь и назначил ему в помощники полковника Гессе.

Тот забрал в свои руки всю военную часть и действительно так повел дело, что собранный им из разных полков батальон навеки стал образцом дисциплины и выправки. Слово "архаровец" сохранилось как нарицательное от того времени.

Затянутый в мундир, сухой и высокий, с бесстрастным лицом, Гессе выступал подле Архарова журавлиным шагом, словно на параде. Сзади, вытянувшись и боясь сделать неосторожное движение, шагал адъютант, и среди них толстый и коротенький Архаров с веселым лицом производил впечатление живого человека среди восковых фигур. Все с улыбкой смотрели на него и развеселились, когда услышали его сипловатый голос:

— А, старушка Божия! По какой нужде?

— Милостивец ты мой, — заголосила старушка, — вызволи! Кварташка совсем жить не дает. Вишь, понравилась ему моя Буренка, так дай ему! Так и цепится.

— Ладно, ладно! Бумага при тебе? Здесь? Ну, отдай ее вот ему! — и обер-полицеймейстер пошел далее.

Собственно, трудных дел или каких-либо кляузных он никогда не решал, предпочитая сдавать их в свою канцелярию, но каждого просителя обнадеживал ласковым словом.

— А у тебя, сударь мой, какая нужда? — спросил он у Брыкова.

— Секретное дело, — ответил он поклонившись, — желал бы с глазу на глаз!

Архаров с любопытством взглянул на него и, увидев на его лице напряженное ожидание, тотчас же согласился.

— Ну, ну, подожди немного! — сказал он и стал обходить других просителей.

Зал мало-помалу пустел. Архаров спросил последнего и ушел во внутренние покои. Брыков в унылом ожидании прислонился к стене, но подошедший к нему вскоре адъютант попросил его к генералу. Брыков вошел в обширный кабинет. Архаров, расстегнув сюртук, махал руками, чтобы размять затекшее тело.

— А! Ты, сударь! Фу, фу! Ну и умаялся я нынче! Сколько народа этого! Дела! Ну, какой у тебя секрет?

Брыков изложил свое дело и почтительно замолчал. Архаров выслушал, и вдруг его лицо расплылось в улыбке.

— Ха-ха-ха, — засмеялся он, — выморочный, значит! Жив и будто мертв! Вот потеха-то! Как же так Антон Кузьмич ошибся?

— Был введен в заблуждение оговором.

— Так. Ну и что же теперь?

— Я желал бы вступить в службу, — сказал Брыков, — да полковник не принимает.

— Как же это он может?

В это время в беседу вступил Гессе, до того времени молча стоявший у письменного стола.

— Полковник, — сказал он ломаным русским языком, — ничего не могит здесь делайт. Они умер.

— Брось, — остановил его Архаров, — видишь, что жив.

— И умер! — повторил с ударением Гессе. — Господа офисер исключаются из списков только императорским приказом. Императорски слово — закон. Император подписал умерл — и, значит, умерл! Полковник Авдеев ничего не могит делайт.

Архаров остановился посреди комнаты и переводил взгляды с Брыкова на своего Гессе и обратно. Когда он смотрел на Брыкова, его лицо выражало сожаление, когда на Гессе — удивление. Наконец он покачал головой, развел руками и воскликнул:

— Вот так штука! А ведь Густав Карлович прав! Царское слово — закон! Что же делать ему? — обратился он к Гессе. — Присоветуй!

— Просить царя, — ответил Гессе. — Ви подавайт просьбу через полковника, и он пусть говорит. Государь будет назад ехать скоро.

— Вот-вот! — обрадовался Архаров, — я тоже скажу, ежели к слову будет. Государь через полтора месяца назад будет, а до тех пор я уж тебе позволю: живи как мертвый!.. — И он засмеялся, отпуская Брыкова.

Семен Павлович пошел к шефу и рассказал про беседу с Архаровым.

— Ну, вот это дело, — решил полковник. — Пишите, а я доложу.

Брыков устал и зашел к Ермолину. На этот раз последний был один, а потому мог внимательно выслушать сообщение приятеля о визите к Архарову.

— Плохо твое дело! — сказал он, пуская клубы дыма из длиннейшего чубука. — И, знаешь, я тебе по дружбе скажу: всю эту штуку тебе Митька подстроил.

— Дмитрий? — с изумлением воскликнул Брыков. — Да ему зачем?

— А наследство?

Брыков вспомнил поведение брата и побледнел. Господи, да неужели он хотел лишить его жизни? Нет, он не такой злодей!

— Вот увидишь еще! — сказал Ермолин.— Ты знаешь, он по болезни в отставку подает?

— Да ну?

— Вот тебе и ну! Уедет к тебе в имение и заживет.

— Да я-то еще жив!

— Жив да не жив!

Семен Павлович вне себя поспешил домой.

А в это время Дмитрий сидел в своей гостиной, уставленной мебелью брата, и, сося мундштук, беседовал с подьячим из гражданской палаты, Дмитрием Авдеевичем Вороновым. Невысокого роста, почти без талии, с лицом, на котором искрились маленькие свиные глазки и краснел вздернутый нос, Воронов стоял перед хозяином полусогнувшись и подлой улыбкой обнажал гнилые зубы. В Москве он слыл за умную каналью, способную запутать и распутать любой узел. Члены палаты зачастую звали его и спрашивали: "Ну, как тут делать, по-твоему?" — и он помогал им в их решениях, не забывая и себя, и медленно, неуклонно из поповичей пробираясь в служилое дворянство.

— Мне бы только исправником где-нибудь стать! — говорил он с вожделенным вздохом.

Теперь Дмитрий Брыков вызвал его к себе на совет, внимательно слушал его вкрадчивую речь, и по мере слов подьячего его лицо прояснялось, и он все веселее и веселее кивал головой.

— Так, по-твоему, выгорит?..

— Беспременно-с! Раз руки нет...

— И теперь шиш?..

— Хи-хи-хи! Обязательно!

— Ну, смотри, чернильная душа! — весело смеялся Брыков.— Вот тебе теперь десять рублей. Выгорит мое дело — еще сто дам, а не выгорит, ну, тоже на орехи получишь!

— Опасаться совсем нечего,— сказал Воронов, торопливо пряча деньги.

— А теперь, значит, хлопочи изо всех сил! Ну, иди!

Воронов низко поклонился Дмитрию и неслышно скользнул за двери, а Брыков радостно потер себе руки и улыбнулся, кому-то подмигивая.

IX

ПРИШЛА БЕДА — ОТВОРЯЙ ВОРОТА

Семен Павлович едва переступил порог своего дома, как кровь забурлила в нем от негодования. Его квартира была так же пуста, как и вчера.

— Что же это такое? — воскликнул он.— Брат обещал сегодня все вернуть! Никого не было? А?

— Какое! — с возмущением ответил старый Сидор.— Я посылал к нему Павлушу, так Дмитрий-то Власович его взашей! Вот! Да еще говорит: "Я вас вот скоро к себе переволоку!"

— Он с ума сошел! — с раздражением произнес Семен Павлович.— Ну, да увидим! — И, надев шляпу, быстро пошел к своему брату.

С каждой минутой раздражение в нем росло. Слова Ермолина словно оправдывались на деле, но он еще не хотел верить в такую бессовестную наглость брата. Он не вошел, а почти вбежал в его комнату и закричал с порога:

— Дмитрий, что же это значит? Как ты смел?

Брыков, что-то писавший у стола, быстро кинул в стол бумаги и вскочил. В первое мгновение он растерялся, но тотчас оправился и надменно произнес:

— Тсс! Что вам надо? Что вы врываетесь ко мне с криком?

Семен Павлович оторопел.

— Как? — снова закричал он.— Ты в мое отсутствие ограбил меня и еще не знаешь, что я требую? Неужели ты хочешь судиться со мною? Опомнись!

— Ха-ха-ха! — злобно засмеялся Дмитрий.— Это ты, а не я, должен опомниться! Судиться! Ха-ха-ха! Да кто ты? Что ты? Ты мертвый!.. Тебя нет!

— Ка-ак?

— Не кричи! Ведь ты сам знаешь это, да и все знают! Для чего ты был у Архарова? А? Что он тебе сказал? А?

Семен Павлович совершенно растерялся.

— Так и брось фордыбачить,— насмешливо посоветовал Дмитрий,— а иди с Богом!.. Впрочем,— прибавил он,— я тебе пришлю кое-что из рухляди!

— Подлец! — теряя терпение, закричал Семен Павлович.— Значит, ты меня и отравлял?

Дмитрий побледнел, но не смутился.

— Иди, иди! — сказал он, стараясь казаться спокойным.— Федька, проводи барина!

— Так вот тебе! Вот! — И Семен Брыков, подскочив к брату, два раза ударил его.

— Федька! Петр! — закричал Дмитрий, бросаясь в соседнюю комнату.

— Дрянь! Убийца! Вор! — крикнул на прощание Семен Павлович и, оттолкнув Федьку, выбежал на улицу.

Он шел домой, не помня себя, со шляпой в руке, и то смеялся, то злобно сжимал кулаки. Да ему и действительно было впору и смеяться, и плакать. Но он скоро стал утешать себя мыслью, что правда до царя дойдет и тогда он не пощадит этой гадины брата.

— Сидор,— сказал он входя,— брат ограбил меня!

— Как? Да можно ли этак-то? А в часть бы его, батюшка! Нешто на него, разбойника, суда нет? Да мы все твои холопы присягнем!

— Эх, теперь меня всякий грабить может. Не живой я, Сидор, а мертвец!

— С нами крестная сила! — даже отшатнулся от него старик.— Что ты говоришь, батюшка!

— То, что есть! — И Брыков в волнении рассказал ему свою историю.

Старик крестился и всплескивал руками; наконец он, успокаивая барина, сказал:

— Батюшка, да ведь царь-то все рассудит! Не бойся! А мы тебе все — что живому, что мертвому — верные холопы.

Брыков опустился на табуретку в кухне и бессильно схватился за голову. Все рушится, все падает. Богатый обращен в нищего, ограблен, лишен имени, и кем же? Братом!

Вечером он пошел к Маше.

Она встретила его радостным возгласом и спросила:

— Ну, что?

— Все плохо,— печально ответил он и рассказал ей о своем положении.

Девушка сделала ему предостерегающий знак и тихо сказала:

— Не говори отцу!

Они вошли в горницу.

— Кха, кха, кха,— кашляя и охая, заговорил старик Федулов, здороваясь с Брыковым.— Ну что, батюшка, каких дел наделали?

Брыков постарался сделать веселое лицо.

— Ничего! Худого особенно нет. Архаров, генерал, приказал мне государю просьбу подать. Он вскоре назад поедет... проездом.

— Так, так! — сказал старик.— Ну, а с братцем Дмитрием Власовичем как? С имением?

— Что же? Мое при мне остается,— ответил Брыков, чувствуя, как краснеет под пытливым взглядом старика.

Тот покачал головой, пожевал губами, а потом решительно произнес:

— Только знай одно, сударь мой: пока ты этих дел своих не окончишь, не невеста тебе моя Маша. И до той поры ты и дорогу сюда забудь, потому для чего тень на нее бросать? А когда снова в права войдешь — милости просим!

Брыков побледнел и хотел возражать, но Маша незаметно стиснула его руку. Тогда Брыков поднялся и, сухо поклонившись старику, сказал:

— Благодарю, Сергей Ипполитович! Всего ждал я от людской злобы, только от вас таких слов не ждал. Думал, вы по-родственному.

— Не обессудь! — сказал старик, покачав головой.— Сам видишь: дело несуразное. Не могу же я дочь за покойника выдавать. Иди, иди, не гневайся! Маша, Машенька! Где ты? А, вот видишь: она даже убежала от стыда. Иди, иди, друг Семен Павлович, и на меня не сердись! Я дочку жалеючи говорю так-то!

39

Смущенный и растерянный, Семен Павлович вышел из дома Федулова, но в темном палисаднике его схватила за руку Маша, и он тотчас ожил, хотя предчувствие беды еще сильнее сжало его сердце.

— Сюда иди, милый, на зады! — шепнула девушка.

Они крадучись обошли дом и сели в беседку, устроенную над ледником.

— Что случилось? Отчего старик изменился? — спросил Брыков.

— Ах, милый! — прижимаясь к жениху, ответила Маша.— Ведь за меня сватался твой брат, Дмитрий.

— Кто?

— Тсс! — остановила его Маша.— Кто? Брат твой! Ты ему всегда верил, а он — первый твой враг. И вот прирязался он ко мне, а теперь отец меня за него выйти заставляет. Милый, они все против тебя!

— Как, Маша? Я ничего не понимаю!

— Где же понять, милый. Я сама ничего не понимаю тут. К папаше ходит Воронов, такой поганый подьячий. Папаша во всем его наставляет, а он к Дмитрию идет и того учит. Они говорят, что ты теперь мертвый.

— А царь?

— Они говорят, что до царя далеко. Милый! Сеня! Что с нами будет? Я за этого Дмитрия не пойду и лучше убью себя!.. Ведь я люблю тебя, Сеня! — И девушка залилась горькими слезами.

Брыков обнял ее и осыпал ее лицо поцелуями.

— Перестань, Маша! Никогда не может случиться, чтобы правда потонула. Ведь я — не вор, не злодей. За меня и товарищи, и друзья. Разве можно лишить меня жизни, если я жив, из-за одной ошибки? Царь исправит эту ошибку и все... Не бойся, моя крошечка! — И Семен Павлович стал целовать заплаканное лицо невесты.— Мы как решили, так и сделаем — поженимся и заживем тихо да мирно. Только как мы с тобою венчаться будем?

Маша немного успокоилась и вытерла слезы.

— Обдумаем мы это сообща, Сенечка! Ты приходи сюда по

вечерам в девять часов. Я перед сном всегда буду заглядывать сюда. А если что спешное, я оповещу тебя тотчас.— Она совершенно оправилась и решительно сказала: — Только знай: женой твоего брата я никогда не буду! Лучше смерть. Пусть отец проклянет — мне все равно... Да!

Семен Павлович крепко обнял ее, и они на миг замерли в поцелуе.

"Если бы кто-либо стал рассказывать мне такую историю, что случилась со мной, я не поверил бы",— думал Брыков, медленным шагом возвращаясь в свой разоренный дом.

В этот миг он услышал пьяный оклик. Он поднял голову и увидел верхом на коне вдребезги пьяного Башилова, того самого, что был отличен императором на смотру.

— Смотри, тебя Гессе увидит такого,— сказал ему Брыков,— живо на гауптвахте будешь!

— Не бойся! — ответил Башилов. — Не таковский я! Меня ныне сам государь отличил! Слышь, получен приказ. Меня в Питер, в семеновцы! Ха-ха-ха! Завтра еду. Приходи провожать!

— Спасибо!

— А ты когда женишься?

— Где там жениться! Хлопот у меня полон рот, братец мой! Ограбили меня, имени лишили.

— А ты к царю! — качаясь в седле, сказал Башилов.

— Я так и думаю!

— А будешь в Питере, ко мне! Сперва прямо в полк, спроси: "Где Башилов?", а потом прямо ко мне!

— Спасибо! Только, я думаю, мы и здесь все сделаем,— ответил Семен Павлович и, простившись с приятелем, пошел своей дорогой, а Башилов поправился на коне и затянул тонким голосом:

Не пастух в свирель играет
На прекрасных сих лугах...

X

ЖИВОЙ МЕРТВЕЦ

Для Семена Павловича потянулись тяжелые дни надежд, сомнений и душевных терзаний. Ограбленный братом, он существовал только благодаря товарищам, которые охотно снабжали его деньгами.

— Бери, — говорил Ермолин, — есть о чем говорить! Будут у тебя опять деньги, ну и отдашь мне.

— Эх, будут ли?! — падая духом, говорил Брыков.

— А как же? Царь у нас строг и взбалмошен, а справедлив. Это всякий скажет!

Брыков оживал надеждою и томился в ожидании царского проезда. В городе ходили слухи, что государь уже тронулся из Казани, что он только ждал, когда уедут в Петербург Лопухины. Прошение на высочайшее имя было уже написано "живым мертвецом" и подано шефу полка, который обещал и от себя замолвить слово, так же как и Архаров, хотя никто не знал, в каком настроении будет император.

— Никто, как Бог! — говорил Брыкову тот или другой из старших офицеров. — Правда — правдою, но и настроение много значит!

Слушая подобные речи, Семен Павлович вновь падал духом. Что если почему-либо не удастся его дело, то есть государь не изменит своего приказа? Ведь тогда полная гражданская смерть: ни имени, ни денег, ни Маши... Но нет, этого не может быть!

— Есть же правда на земле, — с убеждением говорила ему Маша, когда они украдкой виделись в беседке над ледником, — а здесь даже и дела нет. Ошибкою тебя мертвым назвали. Смешно даже! Только все-таки торопиться надо, а то — смотри — твой братец уже о вводе во владение твоим имением хлопочет. Я слышала, как папаша с этим подьячим говорил.

— А Дмитрий у вас бывает? — глухо спросил Семен Павлович.

42

— Каждый день! А я прячусь. Уйду к себе, да и все! Отец сердится, грозит, а я так и сказала ему: "Убейте, а за него не выйду".

— Я готов убить его, — с ненавистью прошептал Брыков.

— Что ты, что ты, Сеня! Ведь он же — твой двоюродный брат! Потерпи, а тогда мы оба посмеемся над ним! — И Маша ласками утешала своего жениха, стараясь вселить в него бодрость.

Но когда она оставалась одна, ее дух ослабевал, и ее охватывал страх за будущее. Несколько раз она подслушивала беседы отца с этим гнусным Вороновым и поняла, что если приезд императора задержится еще хоть на один месяц, то они успеют почти дочиста ограбить ее жениха, завладев его имуществом. Несколько раз слышала она разговоры своего отца и с Дмитрием Брыковым.

"Господи, и есть же такие люди!" — с краской стыда и негодования на лице думала она, слыша, как отец продает ее, словно товар.

— Вы только торопитесь со вводом, — говорил старик, — а там он пусть оживет да поднимет тяжбу. Когда-то что чем кончится!.. Ведь, знаете, суд да дело... ха-ха-ха. А Машеньку я уж вам передам. По уговору.

— Я согласен на все! — воскликнул Дмитрий Брыков. — Вы получите полсотни десятин да, кроме того, я вам усадьбу отстрою. Только скорее бы все кончить!

— Скоро нельзя. Надо будет нам всем тогда отсюда уехать, да там, в вотчине.

Маша замирала, слушая такие разговоры. Полно, уж отец ли ей этот жадный старик? И она с ужасом говорила жениху:

— Милый, надо спешить! Ой, надо спешить!

— Что я могу? Все от государева приезда зависит, Маша. Молись Господу, чтобы все скорее да благополучно кончилось!

— Ах, я ли не молюсь!

Время шло мучительно долго, и не терял его только Дмитрий Брыков. Не жалея денег, он успел в суде всех смазать, чтобы только скорее вводили его во владение имуществом брата. Воронов помогал ему со всем усердием купленого негодяя.

Старый Сидор стороной узнавал про господские дела и по вечерам шептался в кухне с Павлушкой, Степаном-поваром и Антоном.

— Одно решать надо, — сказал он однажды. — Я своего барина ни в жизнь не брошу. А как вы?

— И я, — подтвердил Павлушка.

— А я в бега, Сидор Карпович, — воскликнул Степан, — потому барину тогда повар не для чего, а тому черту я служить ни за деньги, ни даром не буду!

— Так, — согласился старый Сидор, — в бега и того лучше!..

Брыкова даже узнать было нельзя: так он исхудал и пожелтел в это мучительное время. Каждый день он ходил в полк узнавать, нет ли новостей, и каждый день с отчаянием возвращался домой. Был уже август месяц, когда на его квартиру прибежал посланный Ермолиным человек с извещением, что государь едет. Семен Павлович бросился к Маше и едва дождался вечера, чтобы увидеться с нею.

— Едет! Государь едет! — сказал он ей, сжимая ее руки: — Наша судьба решается!

— Помоги Боже! — прошептала Маша. — Я завтра к Иверской пойду. Пойдем вместе.

— Пойдем, — согласился Брыков, и на другой день они оба плача молились у чтимой иконы Иверской Божьей Матери.

Действительно, император Павел, едва узнал, что Лопухины тронулись из Москвы в Петербург, тотчас заторопился туда же. Образ чистой, прекрасной девушки неотступно стоял перед ним, своей красотой врачуя его душу и успокаивая ее. Он улыбался, думая о ней, и его лицо становилось при этом добрым и ласковым.

— Скорей! Скорей! — торопил он окружающих.

Царский поезд летел, не встречая на пути ни задержек, ни препятствий. Случалось, что загнанные лошади падали в дороге; тогда им торопливо обрезали постромки, и дормез несся далее от подставы до подставы.

— В Москве одну ночь ночуем,— сказал государь своему личному секретарю.— Распорядись лошадьми!

Обрезков молча склонял голову и высылал вперед курьера с необходимыми инструкциями.

Словно ласточки весною, летели в Москву курьер за курьером со словесными и письменными приказами: ни парада, ни развода, ни бала, ни даже особенной встречи. Изготовить государю обед, а вечером ванну. Явиться с докладами к девяти часам; в одиннадцать государь уже почивать будет, а уедет в пять часов утра.

В Москве шли суетливые приготовления, отражаясь даже на уличной жизни. Во все концы носились курьеры, то и дело видели скачущих Архарова или Гессе. Наконец император приехал. Его усталое лицо выражало удовольствие.

— Еще два дня — и мы в Петербурге,— сказал он Обрезкову.— Ну, докладывай дела, давай бумагу. Зови Архарова! — И, приняв ванну, он занялся делами, быстро решая пустые и мелкие и осторожно откладывая в сторону решение крупных.— Ну, а по полкам что?

— Казусный случай,— доложил Архаров,— вот прошение. Извольте проглядеть.

— Прочти! — сказал государь, кивая Обрезкову. Тот прочел и сказал:

— Поручик Брыков просит принять его на службу вновь, так как был исключен из полка ошибкою, умерший!

Государь откинулся в кресло и задумался, а потом вдруг вскочил, гневно сверкая глазами, и закричал:

— Ошибка? Мистификация? Ты помнишь, мы в Казани подписали отставку Брыкова за болезнью, а тут вновь. Дай сюда! — Он протянул руку к прошению.

— Ваше величество,— забормотал испуганный Архаров,— то брат, который...

— Знаю-с,— обрезал Павел и быстро набросал несколько строк.— Вот-с резолюция! А вам стыдно, сударь, да-с!.. Не знать, что офицер по дна прошения подает. Пусть он радуется, что я добр! Ну-с, что далее?

Смущенный Архаров стал продолжать свой доклад.

45

На другой день трепещущий Брыков пришел к шефу полка за решением своего дела.

— Ничего не понимаю! — сказал ему полковник.— Начните хлопоты снова!

— А что? — упавшим голосом спросил Семен Павлович.

— Да вот: отказ! Извольте прочесть!

Брыков взял свое прошение и на его полях прочел надпись: "Исключенному поручику за смертью из службы, просящему принять его опять в службу, потому что жив, а не умер, отказывается по той же причине" {См. записки А. М. Тургенева (Рус. старина. 1886. Янв. С. 41).}.

Брыков перечитал роковую надпись еще раз и склонился над нею. Шеф полка, полковник Авдеев, с сочувствием взглянул на него и заговорил:

— Ты, Брыков, не очень того... ведь может быть...

Вдруг Брыков пошатнулся.

— Постой! Ты что же? Эй, кто там! — закричал растерявшийся полковник, но в этот момент Семен Павлович упал тяжело как мешок на вощеный пол и остался лежать без движения в глубоком обмороке.

XI

С НОВОЙ НАДЕЖДОЙ

С Семеном Павловичем Брыковым сделалась нервная горячка. Полковой лекарь пустил ему кровь и поставил пиявки, но он метался, бредил и кричал в беспамятстве.

Полковник Авдеев, пыхтя и краснея, говорил:

— Вот оказия! Но я не могу его держать у себя в лазарете. Его нет, он выключен!

Больного перевезли на его квартиру.

— Батюшка, — в тот же день вопил и плакал старик Сидор, прибежав к Ермолину и упав ему в ноги, — пособи барину моему! Вместе вы хлеб-соль водили!

— Что такое? Что с барином? — всполошился добрый адъютант.

— Да что! Из полка его, голубчика, без чувствия всякого привезли. Горячка, слышь. А у нас в доме-то и положить некуда. Да это еще полбеды. Был братец евонный, Митрий Власьевич, кричит: "Все мое!", из дома гонит. Говорит — барин-то наш мертвый! Хоть ты заступись, родимый!

— Как? — возмутился Ермолин. — Гонит из дома? Ах он негодяй! Постой, я сейчас! — И он, поспешно одевшись, пошел к Брыкову, кипя благородным негодованием.

Все офицеры знали историю двух братьев, догадывались о завистливой злобе Дмитрия, видели, что он без зазрения совести завладевает имуществом брата, и никто из них не мог бы допустить такую злобную жестокость, которую проявил Дмитрий Брыков.

— У себя твой барин? — входя в квартиру последнего, спросил Ермолин у Еремея, который с самого приезда из усадьбы водворился в прихожей нового барина.

— У себя, — лениво поднимаясь, ответил тот.

— Доложи, что капитан Ермолин!

Еремей ушел, и почти тотчас из комнаты выбежал Брыков, протягивая пришедшему обе руки.

— Что-ж это ты с докладами? — радушно заговорил он. — Ты всегда для меня гость дорогой! Иди! Сейчас пунш устроим!..

Но Ермолин не подал ему руки и холодно ответил:

— Вы уже в отставке, и мы — не товарищи.

Дмитрий Власьевич удивленно отшатнулся.

— Я пришел сказать, — продолжал Ермолин, — что ваш брат болен, ему нужен покой, уход! Можете вы оставить его в покое или нет?

Брыков вспыхнул, потом побледнел и резко произнес:

— Я не знаю, о ком вы говорите. Мой брат умер.

— Вы знаете, что это только на бумаге.

— Мне это все равно, и я никому не советую вмешиваться не в свое дело!

Ермолин не выдержал.

— Тогда вы, сударь, негодяй! — вскрикнул он.— Если вам угодно драться, я жду ваших секундантов!

Недобрый огонь блеснул в глазах Брыкова, но он только желчно засмеялся:

— Ха-ха-ха! Мне драться? С вами? Вот потеха! Вы глупите и все! — И с этими словами он быстро скрылся за дверями.

Ермолин в бешенстве потряс кулаком, а затем, выходя на двор, сказал Сидору:

— Я возьму к себе твоего барина!

Старый дворецкий всхлипнул и сказал с чувством:

— Пошли вам Бог всего хорошего!

Ермолин в тот же вечер перевез к себе несчастного Семена Павловича и поместил в одной из комнат. Старый Сидор не захотел расстаться с барином.

— Пусть тог разбойник волоком тащит меня — не пойду! Умру лучше!

— Не бойся, старик,— говорили ему заходившие офицеры,— мы не дадим тебя в обиду.

Семен Павлович вызывал общее сочувствие. Каждый день то тот, то другой офицер заходили справляться о его здоровье и вместе с этим выразить презрение к его корыстному брату.

А тот не терял времени. С помощью Воронова и подкупа он уже совершил ввод во владение и с ликующим видом путешествовал по Москве. Старый приказный Федулов принимал его снова с раскрытыми объятиями и шептался с ним целыми часами

— Сделаю! — говорил он. — Разве она посмеет выйти из послушания? Прокляну!..

При этих словах Дмитрий, как ни был жесток, вздрагивал. Он все же любил Машу, и ему хотелось жениться на ней без грубого насилия.

— Подождем! — отвечал он старику.— Мы лучше так сделаем. Вы с нею в Брыково переезжайте. Пройдет полгода, год и сама уломается!

— Можно и так,— соглашался старик, но все же по целым дням мучил бедную Машу.— Твой Семен умер,— твердил он ей,— возьми ты себе это в толк!

— Не возьму,— тихо, но настойчиво отвечала Маша,— я видела его, люблю его, он — мой жених!

— Дура! Он — покойник!

— Живой-то?

— Да, живой покойник! У нас царская воля — закон, матушка, вот что! Ежели царь говорит: "Ты умер", значит, так и есть!

— Здесь ошибка! Он к царю пойдет!

— Тьфу! Пускай идет! А ты пойдешь за Дмитрия!

— Никогда. Лучше смерть!...

Маша страдала невыносимо. Она знала теперь все: знала, что ее жених по бумагам считается мертвым, что он ограблен братом и что он действительно борется со смертью.

— Марфа! — со слезами говорила она старухе няньке.— Что я за несчастная? Что будет со мною?

— А что, голубка, не возьму я в толк,— шамкала нянька.— Мучает тебя барин-то, а ты плюнь. Вот как сокол твой выздоровеет, так и свадебку справим! Я сегодня у Иверской молилась.

— Ах няня, ведь он — мертвый.

— Как мертвый? С нами крестная сила! Убережет Господь, выздоровеет!

Маша не могла говорить с ней и оставалась одна со своим горем. Только раз, улучив час времени, она успела сбегать к Ермолину и взглянуть на своего жениха.

— Не волнуйтесь,— утешал ее славный Ермолин,— он поправится. А там мы его в Питер снарядим. До царя доберется и авось правду сыщет!

— Дай Господи! — набожно произнесла Маша.

У нее осталось одно утешение — молитва. И она молилась за здоровье своего жениха и за успех его дела, молилась за его и за свое счастье.

Сильный и молодой организм Семена Павловича победил

болезнь. На девятый день он пришел в себя и стал медленно поправляться. Старый слуга не оставлял его ни на мгновенье.

Прошло еще две недели — и Брыков мог уже, не боясь волнений, говорить о своих делах.

— У тебя одно средство,— с жаром сказал ему Ермолин,— ехать в Петербург, увидеть царя и молить его.

— И в Сибирь?..

— Брось. Ведь это говорят больше. Поверь, ему доступны и участие, и сожаление. Я слышал, что он даже не сердится, если его ошибку укажут. Да и потом,— прибавил он,— ей-Богу, Сибирь даже лучше, чем твое теперешнее положение. Ну что ты теперь? А? Мертвец, да и только! Смотри, твой милый братец уже завладел твоим добром! У тебя ни имени, ни прав. Ты жить не можешь!.. А кроме того и твоя невеста!

Семен Павлович не выдержал.

— Ты прав! Я еду! Только,— и он грустно улыбнулся,— на что я поеду?

— Об этом не хлопочи! — сказал Ермолин.— Мы все тебе собрали на дорогу денег, а в Петербурге ты прямо у Башилова остановишься. Он уже уехал.

Брыков с благодарностью пожал руку Ермолину.

— Брось! — сказал тот.— Это — даже не услуга. Мы ведь знаем, что твое дело выигрышное, и попируем у тебя на свадьбе.

После этого разговора к Семену Павловичу вернулась энергия. Его здоровье крепло с каждым днем, и через два месяца он уже стал собираться в дорогу.

— Надо все-таки, чтобы твой братец ничего не знал о наших планах,— сказал ему Ермолин.— Ведь он просто убийц подослать может.

— Да, он отравлял меня, но ему не удалось,— ответил Семен Павлович.

— Тьфу, гадина!..— плюнул Ермолин и, побеседовав еще немного, ушел.

— Сидор,— сказал Брыков в тот же вечер,— сделай мне доброе дело. Проберись сегодня к Марии Сергеевне. Скажи, что барин, мол, едут и вас повидать желают.

Старик только кивнул головой и тотчас взялся за картуз. Через час он вернулся и сказал:

— Ввечеру будут... как стемнеет.

— Я уйду на это время,— сказал Ермолин.

Семен Павлович благодарно пожал ему руку и с нетерпением стал ждать вечерних сумерек.

XII

ПОСЛЕДНЕЕ СВИДАНИЕ. ОТЪЕЗД

Старая Марфа кряхтела и ворчала, с трудом поспевая за Машей, которая спешила на последнее свидание со своим несчастным женихом.

— Ох, грехи, грехи,— говорила старуха,— и виданное ли дело, чтобы девка сама к жениху шла! Ах ты, Господи! Коли сам узнает, что будет мне, старой? У, бесстыдница! Воротись! Право слово, воротись! Ведь срамота!

— Нянюшка, миленькая,— молящим голосом уговаривала ее Маша,— в последний раз ведь, золотая моя! Уедет он! Одна я останусь. Сама знаешь, что теперь за жизнь у нас.

— Ну, ну,— смягчилась старая нянька.— Бог даст, царь помилует да еще наградит. Нешто правды-то нет на свете? Есть, ласточка моя, есть! Знаешь ли ты дорогу-то?

Маша улыбнулась сквозь слезы и проговорила:

— Я у него была раз... когда он болен был.

Они прошли две улочки, и Маша, вскрикнув, ускорила шаги.

— Вот и дом их! Вот и Сидор стоит!

— Постой, постой, коза! Нешто догоню я тебя?

— Он! — воскликнула в это мгновение Маша и быстро побежала по пустынной улице.

Семен Павлович вышел на крылечко поджидать Машу и, увидев ее, не выдержал и сам побежал ей навстречу. Они сошлись и схватились за руки. Маша чуть не бросилась ему на грудь, но старый дворецкий да Марфа стесняли ее. Поэтому она лишь крепко сжала руки Семена Павловича и тихо сказала:

— Как изменился ты!

Он ответил ей нежным пожатием, сказал: "И ты похудела, Маша. Пойдем!" — и они вошли в дом.

Маша едва переступила порог горницы, как тотчас порывисто обняла Брыкова и крепко прижалась к нему.

— Милый, хороший! — страстно проговорила она.— Как я люблю тебя! Как я страдала!

Он крепко поцеловал ее и, посадив на диван, сел рядом с нею и взял в свои ее руки.

— А я? — ответил он.— И тогда, и теперь! Ну, будет,— перебил он себя и заговорил: — Я еду, Маша! Завтра уеду и хотел обо всем договориться с тобой. Прежде всего,— его голос дрогнул,— я тебя, Маша, не связываю. Я попал в несчастье, но ты... ты свободна!..

— Сеня! — с горечью ответила девушка.— Да разве я не люблю тебя?... Нет, нет,— порывисто произнесла она,— пока ты вправду не умер, я — твоя! Лучше в монастырь, чем за другого!..— И она тяжело перевела дух и улыбнулась сквозь слезы.

Семен Павлович страстно обнял ее, и его лицо повеселело.

— Ну, теперь,— сказал он,— мне ничего не страшно. Не за себя я хлопотать поеду, а за наше счастье.— Он встал, прошелся по горнице, сел и снова сказал: — Ну, так поговорим теперь о деле. Мучают тебя?

— Очень. Отец грозит проклятием, а он все ездит с подарками и...— Маша вздрогнула,— все руки целует...

— Гадина! — воскликнул Семен Павлович.

— Они хотят меня в Брыково везти и там будут мучить!

Брыков тяжело перевел дух.

Маша тихо взяла его за руку и промолвила:

— Но ты не бойся! Я — сильная! Я не поддамся им! А если уж очень худо будет, то убегу... к тебе!..

Брыков молча кивнул головой.

— Что они могут сделать? — продолжала Маша.— Только приставать! Я отмолчусь от них. Жечь? Убить? Ведь этого не сделают.

Брыков тяжело перевел дух.

— Да, да, понятно,— заговорил он,— но как тяжело мне, Маша, оставлять здесь тебя одну!.. Пиши мне! У меня здесь лучшие друзья. Вот хоть Ермолин. Я скажу ему, и через него у нас будет связь. Все ему пиши, а он перешлет. И еще вот что: если тебе станет очень плохо, беги к нему. Он тебя ко мне переправит. Не бойся его!..

Маша кивала головою на его слова и не могла сдержать слезы, неудержимо катившиеся из глаз. Ах, то ли она ожидала от судьбы! И вот чем заменила действительность ее светлые грезы!

Семен Павлович тихо обнял ее и нежно заговорил:

— Маша! Сердце мое, не плачь! Не надрывай души! Мне так тяжко, так тяжко!

— Прости, милый, но я... но мне...— И она неудержимо разрыдалась.

Брыков торопливо подал ей воды и стал нежно утешать ее.

Эх, перемелется и мука будет! Они еще молоды! Счастье все впереди, перед ними. Не может быть, чтобы долго могла удержаться такая нелепость, какая случилась с ним. Царь и умен, и добр, и справедлив; правда выйдет наружу, и они еще посмеются.

— Не плачь, Маша! Не плачь, мое сердце! Смотри, пройдет два-три года, и мы сами посмеемся над этой историей.

Девушка немного успокоилась и улыбнулась жениху. Он снова обнял ее, она прижалась щекою к его щеке и они начали опять говорить о своих чувствах. Время летело, и они не замечали его. Свечка оплыла и едва мерцала под огромным нагаром, за дверями нетерпеливо ворчала Марфа; но молодые люди ничего не замечали и говорили без умолку, пока, наконец, Марфа сердито не окликнула своей питомицы. Тогда они очнулись, как от сна.

Наступило расставание. Они обнимались, клялись друг другу и обнимались снова.

— Я провожу тебя! — сказал Семен Павлович.

— Проводи!

Он прошел с нею по всем пустынным улицам и, наконец, расстался.

Маша заплакала, и Марфа не могла утешить ее, а Семен Павлович шел назад, не замечая дороги, и думал: что ждет его, ее? Ему всюду грозит опасность, и его брат, его враг, дремать не станет! Увидеть царя! Но пока доберешься до царя — всего натерпишься... А с Машей? Брыкову представлялись картины той нравственной пытки, которая ожидала ее. Постоянные попреки отца. О, он знает, что это за старик! Ему бы только деньги и деньги. Про него весь приход рассказывает ужасные вещи. Разве у него есть сердце, разве он — отец для дочери? Она для него — ценность, и он не постесняется продать ее. И потом ухаживанья этого негодяя!...

Несчастный Брыков схватился за голову.

Когда он вернулся, Ермолин был уже дома.

— Что это ты какой? — сказал он.— Стыдно тебе. Крепись!

— Какой я?

— Да краше в гроб кладут.

— Я уже и похоронен,— усмехнулся Брыков.

— На бумаге. Но на зло всем живи! Виделся?

— Да! Машу хотят увезти в усадьбу и уже там мучить. Вот что, брат: я сказал, чтобы она через тебя писала.

— Ну, понятно!

— И потом вот еще: если ей станет очень тяжко, она прибежит к тебе. Ты укроешь ее, а потом ко мне, в Петербург, если я там буду.

— Ладно! Ну, а теперь я говорить буду! — сказал Ермолин.— Вот, во-первых, тебе тысяча рублей! — И он поставил на стол шкатулку.— Брось, не благодари. Это — дело товарищеское. Надо будет, еще дадим! Это раз. А потом: ведь ты — мертвец по бумагам и тебе, пожалуй, и подорожной не дадут. Так вот,— и он положил на стол бумагу,— ты — мой дворовый. Не сердись, братец! У меня один музыкант есть, так это — его подорожная.

— Не думал я в крепостных числиться, ну да ничего не поделаешь тут! Спасибо тебе! — И Семен Павлович крепко поцеловался с Ермолиным.

На другое утро он выехал на почтовых вместе в неразлучным Сидором.

— Пусть меня в беглых считают,— решительно сказал Сидор,— авось Митрий Власьевич не погонится!

Их провожала целая кавалькада офицеров.

— Стой! — крикнул Ермолин, когда выехали за заставу.— Здесь отвальную устроим!

Семен Павлович вышел из коляски, офицеры спешились, и на лужайке, у дороги, появились вина и закуски.

— Пей, Сеня! — говорили бывшие его товарищи, чокаясь с ним.— Дай Бог тебе удачи!.. Возвращайся, да за свадьбу!.. Насоли своему братцу!

Брыков был растроган этим общим сочувствием.

— Спасибо, друзья! — отвечал он со слезами в голосе и обнимался с каждым.

Уже солнце поднялось на полдень, когда друзья допили последнее вино и Брыков снова сел в коляску.

— Ну, давай Бог удачи! Пиши! Кланяйся Башилову! — раздавались возгласы.

— Эй, вы, соколы! — закричал подвыпивший ямщик, и кони рванулись с места.

Офицеры еще постояли на дороге, махая шапками вслед уносившейся коляске, а потом сели на коней и медленно вернулись в Москву, говоря о Брыкове и о риске его предприятия.

XIII

В ПУТИ

Быстро промчался Семен Павлович до первой станции, но уже тут начались его мытарства. Увидев быстро несущуюся тройку, и ямщики, и смотритель вышли взглянуть на седока. Смотритель почтительно помог выйти Брыкову из его коляски.

— Лошадей! — сказал тот, идя в станционную комнату.

— Мигом! — ответил смотритель, юркий человек с длинным носом и хитрым, пронырливым взглядом. — Не прикажете ли чайку, пока запрягают? — спросил он вкрадчиво. — Может, и скушать что? У меня-с кухня!

— Чая дайте! — сказал Брыков.

— А пока позвольте подорожную, сударь...

Брыков подал. Смотритель бегло прочел ее и сразу переменил свой тон. Он даже обозлился на себя. Думал — барин и вдруг: дворовый дворянина Ермолина, музыкант Петр Степанов! Он презрительно оглядел Брыкова и скрылся.

Прошло полчаса, час ожидания, и Семен Павлович наконец потерял терпение.

— Эй! — закричал он, выходя из комнаты. — Где смотритель? Что же чай? Где же лошади?

— Ты очень не шуми тут, — спокойно ответил ему смотритель, вдруг появляясь из соседней каморки, — самовара нет и чая не будет, а что до лошадей, так еще обождать надо. Вот обратный вернется и поедешь!

Брыков вспыхнул и поднял руку для удара.

— С кем говоришь ты! — воскликнул он.

— С дворовым! — грубо ответил смотритель и, зорко осмотрев Брыкова, прибавил: — А может, и того хуже!

Семен Павлович невольно отшатнулся и замолчал.

— Ты уж оставь их, батюшка, — шепнул ему Сидор, — смотри, еще в беду попадешь.

Брыков, смущенный, вернулся в комнату и решил терпеливо ждать.

Смотритель в злобной радости заставил его прождать часов шесть и наконец отпустил, предварительно ворча:

— Всякая челядь еще командовать хочет! Жирно будет!

И так было почти на каждой станции. Едва смотритель заглядывал в подорожную, как тотчас менял свое обращение.

Это несказанно мучило Брыкова, воспитанного в тогдашних традициях богатого дворянства. Сколько раз он расправлялся с этим народом нагайкой, и вдруг они с презрением шельмуют его как крепостного.

Но случалось, что иной смотритель, пораженный несоответствием его манер и замашек с подорожной и еще более отношением к нему Сидора, начинал чинить ему допрос, расспрашивая о его господах, прошлом и его надобностях в Петербурге.

Это бывало еще мучительнее для Брыкова. Он не раз попался бы или затеял шумную историю, если бы не его старый слуга, который искусно выручал его из этих неприятностей. Он сам вступал в беседу со "следователем" и ловко отвечал на его вопросы, а по дороге обыкновенно наставлял Брыкова.

— Нешто так можно? — говорил он с укором.— Теперь, чем к Петербургу ближе, тем все опасливей, а вы ишь так и рвете. А вдруг иной скажет: "Доложу-ка я исправнику! Какой такой дворовый?"

— И лучше! Я просто глупость сделал, что так поехал.

— А-то как иначе? Мертвецом?

— Мертвецом!

— Да нас тогда в кандалы закуют, вот что. Нешто кто поверит, что это вы и есть мертвец-то! И-их, батюшка! Говорите вы неподобное. Нет, уж вы, батюшка, смиритесь!

И Семен Павлович смирялся, дожидаясь на станциях иногда целыми днями потому только, что смотритель боялся приезда более важных лиц, чем простой дворовый, и удерживал для них лошадей.

Нередко случалось, что на глазах Брыкова разбирали все тройки. Какой-нибудь помещик, купец, не говоря уже о военных,— все получали лошадей раньше его. Он злился, бессильно сжимал кулаки и... поневоле терпел.

На одной из станций, уже переехав Тверь, Брыков дожидался лошадей, как вдруг к конторе лихо подкатила тройка, и из коляски быстро выскочил высокий, смуглый, красивый офицер.

— Лошадей! — отрывисто приказал он.

Смотритель поклонился чуть не до земли и развел руками.

— Не велите казнить, ваше благородие, ни одной лошадки свободной нет. Все в разгоне!

Офицер ответил обычным ругательством и вошел в комнату. Увидев Брыкова, он окинул его быстрым взглядом и, видимо довольный осмотром, поклонился ему.

Брыков, зная по опыту, как опасны для него теперь знакомства, ответил учтиво, но холодно и поднялся выйти из горницы, как вдруг офицер сказал ему мягким голосом:

— А позвольте узнать, сударь, не служили ли вы в Москве в военной службе?

Семен Павлович вздрогнул, но тотчас оправился.

— Изволите ошибаться,— ответил он,— я — дворовый человек дворянина Ермолина!

Офицер изумленно взглянул и смущенно произнес: "Никогда не поверил бы!", а потом позвал к себе слуг, двух коренастых малороссов, и велел им подать себе на стол закуску и самовар. Те быстро исполнили его приказания. Офицер сел за стол и с открытым лицом обратился к Брыкову.

— Не откажись, милый человек, разделить со мною хлеб-соль! — сказал он.— Хоть ты и дворовый, но сдается мне, что-то не так это! Ну, да мне все равно! — быстро произнес он, заметя смущение Брыкова.— Я только ради компании! Милости просим!

Семену Павловичу нельзя было отказаться, и он сел с офицером. Что-то знакомое показалось ему в чертах последнего, но он не мог припомнить, где и когда видел его.

Офицер радушно угостил его, и вскоре между ними завязалась непринужденная беседа. Брыков боялся говорить о себе и больше говорил о Ермолине, как о своем господине, и о драгунском полке, а офицер рассказывал ему, как был в Киеве, видел родной дом, ездил по своим имениям. Брыков чувствовал, что этот офицер представлял собою какое-то влиятельное лицо.

— Тройка заложена! — доложил смотритель, спустя добрых три часа.

Офицер встал, протянул Брыкову руку и, смеясь, сказал:

— Теперь меня не обманете! Вы — барин, а не дворовый! Ну, да мне ваших тайн не надо!..

Брыков смутился и что-то невнятно пробормотал.

— Ну, ну! — ответил офицер.— Всего доброго! В Петербурге, может быть, свидимся! — И, кивнув Брыкову, он вышел из горницы.

— Кто это? — спросил Семен Павлович, когда тройка отъехала.

Смотритель, пожав плечами, ответил:

— Офицер! Полковник Грузинов.

— Грузинов! — воскликнул Брыков и с досадой хлопнул себя по лбу.

Грузинов! Этот фаворит императора, который неразлучен с ним, который спит в одной спальне с ним! И как он не узнал раньше его имени. Был такой случай, и он упустил его!

— Ах, Сидор, Сидор,— сказал он, когда они поехали дальше,— ты шепнул бы мне только!

— А я почем знал-то? Офицер, офицер и есть. Мало ли их я перевидал! А тужить вам, сударь, нечего. Приедете в Петербург и к нему!

— Ну, там он совсем иным будет, чем в дороге.

От станции Валдай уже начал чувствоваться Петербург. Смотрители станций все были до крайности напряжены. То и дело встречались быстро несшиеся из Петербурга фельдъегерские тройки. Лошади все в пене распластывались от бега; легкий тарантас метался из стороны в сторону, и в нем, полуприподнявшись, находился лихой фельдъегерь, который должен был так мчаться с каким-нибудь царским приказом, может, неделю, другую и, не медля, вернуться назад. Случалось по дороге встречать и крытые повозки с солдатами на облучке.

59

Брыков бледнел, видя их. Он знал, что это везут обреченных на ссылку, обреченных иногда за пустое слово, за неловкий шаг.

"Вдруг и меня так?" — мелькало у него в уме, и он дрожал от страха.

— Колпино! А там Петербург! — сказал однажды Сидор.— Ну, помоги Господи! — И он широко перекрестился.

Семен Павлович невольно последовал его примеру. Последний перегон. Три станции — и он будет в столице хлопотать о своей участи. Кони мчались, а он лежал, откинувшись, в коляске и шептал про себя молитвы. Петербург был уже в десяти верстах.

XIV

БРАТ БЕЗ БРАТА

Дмитрий Брыков торжествовал, и его жесткое лицо теперь постоянно освещала зловещая, торжествующая улыбка. Дня три спустя после болезни Семена Павловича, он при деятельной помощи денег и Воронова был уже введен в наследство и из полунищего, жившего от щедрот брата, превратился в богача.

"Все мое!" — усмехался он, думая об имуществе брата, о его имениях и людях.

Повар Степан, конюх Антон и казачок Павел, бывшие слуги Семена Павловича, стояли, переминаясь с ноги на ногу, в прихожей Брыкова, и он грозно говорил им:

— Теперь я — ваш барин! Запомните это! Брат был вам потатчик, ну, а меня вы немножко знаете, так смотрите! — И он внушительно погрозил им пальцем.— Что же там насчет всяких глупостей, что вам Сидор наговаривал, так я его, старого хрыча, на днях потребую и на его шкуре покажу вам, кто теперь у вас настоящий барин! Идите! Федька вам покажет и место и дело.

Слуги Семена Павловича пошли, угрюмо почесывая затылки, а Федька сказал им в виде утешения:

— Еремей теперь над вами главой будет. Он вам покажет! Злой то исть, как пес...

Дмитрий Брыков торжествовал. В подмосковное имение он явился в сопровождении исправника и, собрав сход, нагнал на всех такого страха, что мужики с воем повалились ему в ноги. Однако он не терял времени и изо всех сил торопился выбраться из Москвы, где чувствовал себя далеко не спокойно.

Со стариком Федуловым он сговорился скоро.

— Теперь я еду, а вы, значит, ко мне так через месяц,— сказал он старику,— я там уже и домик вам, и все хозяйство изготовлю. Прямо на готовое.

Жадный старик широко улыбался и кивал головой.

— Только домик продам и сейчас же! Наши сборы какие! Раз, два — и готово. Только домик продам.

— И отлично! Чем скорее, тем лучше. А я так завтра и в дорогу.

— С Богом!

На другой день Дмитрий Брыков пришел проститься. Маша не хотела спуститься к нему из своей светелки, но старик поднялся к ней и, грозно хмуря брови, сказал:

— Ты у меня не дури! Я этих шуток, знаешь, не люблю! За косы вниз потащу. Ну, иди! Живо!

Бледная, с глазами, припухшими и красными от слез, Маша сошла вниз и покорно сказала отцу, не взглянув даже в сторону ненавистного Дмитрия:

— Вы меня звали, батюшка?

— Звал! — сухо ответил старик.— Вот наш благодетель, Дмитрий Власьевич, уезжает, так проститься хотел!

Маша не двинулась с места, не подняла головы, зато у Дмитрия горячей страстью вспыхнул взор, и он, быстро приблизившись к Маше, взял ее руку, после чего глухо сказал:

— Марья Сергеевна, я не хочу быть для вас пугалом, потому что люблю вас! И, Бог даст, вы оцените мою любовь!

— Никогда! — пылко ответила Маша.

Дмитрий вздрогнул, и его глаза полыхнули недобрым огнем.

— Не давайте зарока! — сказал он.— Я всегда добивался своего. Смотрите, брат шел против меня и умирает.

Маша подняла голову и с презрением взглянула на Дмитрия.

— От вашей подлости! — сказала она резко и вышла из горницы.

Старик испуганно посмотрел на своего гостя, но тот только пожал плечами и произнес:

— Объездится!

— Хи-хи-хи! — засмеялся старик.— Вестимо, не в девках же ей сидеть. А за грубости уж простите. Совсем не в себе она теперь.

Дмитрий беспечно махнул рукой, но, возвращаясь домой, в бессильной ярости кусал себе губы.

"Поганая девчонка! Другая радовалась бы, а эта... Ну да подождем! Обломается, и тогда...— И он злобно улыбнулся.— Я покажу ей себя!.."

— Совсем уезжаем! — сказал он Еремею, вернувшись домой.— Поезжай в имение и вышли из него шесть подвод для имущества, а я здесь укладкой займусь!..

В тот же вечер Еремей уехал, а шустрый Павел выскользнул и осторожно прибежал к Ермолину, где тогда лежал больной Семен Павлович, вызвал старого Сидора и сказал ему:

— Еремея сейчас в усадьбу ирод наш послал. Переезжать туда навовсе собирается.

Старик тряхнул головой.

— Пусть! Не надолго уедет. Лишь бы барину нашему Бог здоровьице дал!

— Подай ему Господи! — повторил за ним и Павлушка.

— Ну, а еще что?

— Да сейчас только и есть. Как поедем, я прибегу сказать!

— Прибеги, Павлуша, прибеги! Да еще вот что: староста-то

62

там у нас грамотный. Так ты к нему ходи да нам отписки давай: как и что. Понял?

— Чего не понять? Прощения просим, Сидор Карпович!

Семен Павлович медленно выздоравливал, а Дмитрий Власьевич спешно собирался в дорогу. Его слуги складывали вещи, увязывали узлы, упаковывали мебель, а сам он ходил по комнатам и улыбался, думая о своей беспечной жизни. Вот он женится на Маше и тогда что ему? Черт не брат!.. Богат, обеспечен, женат на любимой девушке. Ха-ха-ха! И никакого не сделано преступления. Он даже рад, что отравление не удалось. Ведь теперь его брата нет в живых по указу самого императора!

— Кх, кх! — послышалось позади него, и он быстро обернулся.

— Честь имею! — сказал сладким голосом Воронов, который стоял в дверях и, потирая потные красные руки, неуклюже кланялся своим чурбанообразным туловищем.

— А! Дмитрий Авдеевич! — небрежно сказал Брыков.— Чего тебе?

Воронов сделал два крадущихся шага к нему и, обнажив улыбкой черные корешки вместо зубов, сказал:

— Кх, кх! Прослышал я, что в отъезд собираетесь?

— Да! Что мне тут делать?

— Кх, кх! — Воронов усиленно стал тереть руки, словно мыл их мылом.— А как же насчет меня, насчет, то есть, расплаты со мною?.. А?..

Дмитрий нахмурился. Никогда он не был охотником платить, а теперь, когда стал богат, еще менее.

— Какая расплата? — мрачно сказал он.— Я, кажется, с тобой в расчете.

— Шутить изволите! — пробормотал Воронов.— Ведь мы уговорились тогда еще, при Сергее Ипполитовиче, с вами!

— Не помню! — тряхнул головой Дмитрий.— Да и кроме всего — ведь ты с меня полтысячи рублей получил?

Воронов весь съежился и его лицо перестало улыбаться.

— Так рассуждать изволите? Да ведь эти пятьсот рублей я для ускорения дела вашего роздал и своих еще не видел; ведь я вам из-за процента работал, а не ради спасения! У меня жена есть!

— Да мне-то что? — грубо сказал Дмитрий.— Я дал пятьсот и все тут! Не имение же мне тебе подарить!

— Ах, вы так? Кх, кх...— бледнея и теряясь, сказал Воронов.— Ну-с, так я...

— Ты еще грозить мне? — Дмитрий вспыхнул и поднял руку.— Вон, приказная душа, а не то...

Но угрозу повторять не было нужды. Воронов съежился и зайцем стрельнул в двери.

Дмитрий перевел дух и усмехнулся:

— Дурак тоже! Думал, с кого сорвать!

В это мгновение в открытое окно просунулась голова Воронова.

— Вы меня вспомните! — произнес он и тотчас же исчез. Дмитрий погрозил на окно кулаком и успокоился.

Через три дня он уже был в деревне, в том Брыкове, где провел со своим братом и детство, и юность. Он тотчас поставил Еремея у себя дворецким, назначил другого старосту и определил наказания за всякий, даже маленький проступок.

— На глазах жить будете! Спуска не дам! — погрозил он оробевшим мужикам.

Недалеко от его усадьбы стоял охотничий домик, и он, предназначив его для Федулова с дочерью, торопливо стал прибирать его к их приезду.

Недели три провел он в томительном ожидании. Наконец на дороге показался возок, и Дмитрий встретил Федуловых.

Маша даже не взглянула на него и походила на приговоренную к смерти, Дмитрий насильно поцеловал ее руку, злобно думая, что она "обойдется". Федулов поцеловался с ним, выйдя из возка, и сказал вместо приветствия вполголоса:

— Слышь, Семен-то выздоровел и в Питер укатил, к царю прямо.

Дмитрий вздрогнул и побледнел.

— Помирись с Вороновым, — сказал Федулов,— он все дело обмозгует. Беда ведь, коли Семену успех будет!..

XV

КАПИТАН СЕМЕНОВСКОГО ПОЛКА

Еще черти, как говорится, на кулачках не дрались, как угрюмый хохол, денщик Ивашка, стал будить своего барина, капитана Семеновского полка Башилова. Молодой человек не хотел подниматься и мычал, брыкаясь ногами, но флегматичный Ивашка методически встряхивал его за плечо и повторял:

— Ваше благородие, подыматься пора! Ученье скоро.

— У, черт тебе дядька! — выругался Башилов и наконец раскрыл глаза, но тут же мысль о строгой дисциплине мелькнула в его голове, и он, быстро сев на узкой постели, тревожно спросил: — Что? Не проспал я?

— А як же! — ответил Ивашка.— Я же будил-будил, толкал-толкал!

— Который час?

— Увсе четыре!

Башилов вскочил как ужаленный.

— Ах ты скверная образина! — закричал он хриплым голосом.— Хохол неумытый! Как же я поспею теперь? Одеваться! Живо!

Ивашка степенно подал умыться своему барину и стал помогать одеться; это была целая процедура, особенно с уборкою головы, хотя у всякого офицера был парик. Наконец Башилов оделся и взял треугольную шляпу. В высоких ботфортах, в туго натянутом мундире с воротником под самые уши, со шпагою, в крагах, с косою и буклями, он имел вид бравого, настоящего павловского солдата, крепкого, рослого, здорового.

— Хоть съешьте чего,— сказал Ивашка,— что же так, голодному-то!

Башилов только сердито посмотрел на него и крикнул:

— Из-за тебя, скотины, еще опоздаю, а ты: "Съешьте"!

— Не беспокойся, ваше благородие,— широко улыбнулся Ивашка,— теперь еще только половина четвертого. Я так, для страха сказал!

— Как? Наврал? Ах, ты!.. Да я тебя!..— вспыхнул Башилов, но, тотчас успокоившись, спросил: — А что поесть-то?

— Курица есть и сбитень. Я разогрел его!

— Тащи! — И Башилов присел к столу и жадно начал есть принесенное Ивашкой.

В окно смотрел хмурый осенний рассвет, и убогая комнатка капитана гвардии казалась еще несчастнее. Он снимал у огородника избу в одну горницу с печкой за перегородкой, где жил его денщик. Бревенчатые стены не были ничем украшены: только в углу висели старый халат да офицерский шарф; мебель этой горницы составляли: два жестких дивана, четыре стула, стол и узкая походная кровать, да в углу стояла целая куча чубукоь от трубок.

Башилов поел, резко сорвался с места и схватил шляпу; денщик развернул перед ним серую шинель.

— А что на обед будет? — спросил он.

— Каждый день, дурак, с пустяками лезешь! Что, что? Делай что хочешь!

— А гроши?

— А гроши? — передразнил его Башилов.— Что, я делаю их, что ли? Займи где-нибудь! — сказал он быстро и скользнул в двери.

— Смордовать где качку,— пробормотал Ивашка, задумчиво почесав в затылке,— а хлеба в лавке не дадут.

Тем временем Башилов уже храбро шагал по лужам и грязи под мелким осенним дождем, торопливо направляясь к казармам.

Сегодня был назначен у них плац-парад и, того гляди, мог приехать и сам император. При этой мысли Башилов ускорил свой шаг.

Он жил на Конной площади, и до Семеновского полка ему надо было пройти немалый конец по Обводной канаве; но он сокращал свой путь, перелезая по дороге плетни и идя прямиком по огородам и пустырям.

— Эй, Башилов! — окликнул его веселый голос недалеко от казарм, и с ним сравнялся маленький толстый поручик.

— Башуцкий! Здравствуй! — ответил Башилов.— Что вчера делал?

— Что? Продулся! Ха-ха-ха! Сегодня отыгрываться буду! Греков звал! У него чуть не ассамблея готовится. Прелестниц назвал! Пойдешь?

— Ни гроша нет! — уныло вздохнул Башилов.

— Глупости! Он же даст и на почин!

— Э, други! — крикнул сзади молодой голос, их догнал штабс-капитан Вишняков.— Говорят, государь приедет?

Офицеры кивнули ему в ответ и вошли в казармы, где каждый направился в свою роту.

В низкой огромной комнате толпились солдаты Башилова. Он поздоровался с ними и приказал выводить их на двор. Там уже выстраивались ряды. Шеф полка метался, хрипло крича, офицеры суетились, и только Башилов спокойно выравнивал свои ряды.

— Музыка, вперед! — закричал командир второго батальона.— Шагом марш!

Солдаты, брякнув ружьями, потянулись со двора на огромный плац. Впереди ехал шеф полка, тучный полковник, рядом с ним командир второго батальона и позади них два адъютанта и горнист. Офицеры и солдаты без шинелей; дождь монотонно поливал их и портил мундиры и настроение.

На площади уже выстраивались ряды измайловцев. Семеновцы установились тоже, и наступило томительное ожидание. На краю площади стал собираться народ, неизвестно откуда появились собаки.

— Едут! — вдруг пронеслось по рядам.

— Стройсь! Оправсь! — раздалось тут и там.

Произошло движение, и потом все застыло и замерло. "Хлюп, хлюп, хлюп" — раздалось шлепанье конских копыт по грязи, и в сопровождении четырех лиц показался император на своем неизменном Помпоне, огромной английской лошади. Он был в темно-зеленом мундире, с одной звездой на груди, в белых лосинах и крагах, с хлыстом под мышкою.

— Здорово, молодцы! — весело произнес он и при дружном крике солдат медленно поехал по их рядам.

И солдаты, и офицеры читали в душе молитвы, боясь какого-либо неосторожного упущения, ничтожного по существу, но в глазах взыскательного Павла могущего обратиться в преступление. На этот раз государь был в благодушном настроении.

— Вот, сударь мой,— говорил он ехавшему за ним полковнику Грузинову,— настоящие солдаты, гатчинская выправка! — и улыбался.

Проехав все ряды, он остановился у края площади и был окружен толпою зевак и собаками. Он опустил руку в задний карман мундира, вынул булку и стал крошить ее собакам.

— Ну, ты, ты! Жадная,— кричал он изредка и отгонял хлыстом слишком дерзкую собаку.

А роты тем временем выстраивались, готовясь к маршу. Наконец император скормил всю булку и махнул собакам. Те тотчас отбежали прочь.

— Ну, теперь прошу отодвинуться,— сказал государь толпе зевак и шепнул Грузинову: — Начинать!

Тот поскакал к семеновцам.

— Стройтесь! — пронеслось по рядам.

Барабаны ударили, и под их сухую трескучую дробь двинулись ряды солдат: мерно, стройно, словно по линейке. Раз! — я как одна вытягивались ноги по всей линии. Барабан замирал. Два! — и с ударом барабанов раздавалось дружное шлепанье сотен подошв по жидкой грязи. А дождь сеял и сеял.

Император не замечал его, весь отдавшись созерцанию красивой картины ротного строя, и на своем массивном Помпоне казался конной статуей. Раз, два! Раз, два! — мерно, ряд за рядом проходили мимо него ряды солдат, и он тихо кивал им головой, а потом вдруг встрепенулся, звонко крикнул: "Благодарю!" — и поскакал с плаца.

Лица всех — и солдат, и офицеров — вдруг оживились. Словно над ними прошла грозовая туча без грома и молнии.

— Вольно! — закричали по рядам.— По домам!

Солдаты положили на плечо ружья, офицеры вытерли

сырые клинки и вложили в ножны. "Ах, вы, сени мои, сени!" — раздалась звонкая песня, и солдаты весело пошли в свои казармы. Офицеры собрались группой и шли, оживленно переговариваясь между собой.

— Башилов, приходи ко мне сегодня,— сказал Греков, высокий смуглый офицер с тонкой талией,— у меня сегодня и прелестницы... Нинетта, Виола...

— Я, брат, продулся вчера,— угрюмо ответил Башилов.

— Отыграешься!

Башилов только вздохнул. Он и хотел бы поиграть, да не на что было, а потому он уныло сказал:

— Нет, уж какая игра без алтына!

— Приходи, я дам тебе пять золотых!

Башилов улыбнулся. Мысль отыграться на эти деньги мелькнула у него в голове, но он тотчас отогнал ее прочь.

— Нет спасибо,— ответил он решительно,— если достану денег, приду, а то — нет!

XVI

БРЫКОВ В ПЕТЕРБУРГЕ

Мрачный и недовольный возвращался Башилов в свою квартиру. Черт возьми этот Петербург! Царское отличие принесло ему только неудовольствия. Оставил бы он его капитаном в Москве, и жил бы он припеваючи. Товарищи — не форсуны, богачи не меньше питерских, да душа нараспашку. Вот хотя бы Греков: парень славный, деньги дает, а возьми — и он тотчас все обращение переменит, в Москве же — Ермолин, Брыков, Прыгунов... Опять и дисциплина. Здесь так и смотри в оба: чуть что — и на гауптвахту, а попадись царю — и того

69

хуже. Положим, будь деньги... И при этой мысли Башилов стал еще мрачнее.

Он вошел на огромный двор своего дома и с удивлением и шостановился. На дворе стояла дорожная коляска без лошадей с поднятым дышлом.

"Что сие значит?" - - подумал капитан и быстро вошел к себе.

В сенях встретил денщик и доложил ему:

— Ваше благородие, до вас его благородие приехали.

— Какое его благородие? Что болтаешь?

— Никак нет-с! Из Москвы!

Башилов, уже не слушая его, вошел в горницу и в недоумении остановился. Какой-то мужчина встал с дивана при его приближении; какой-то старик, открыв дорожный погребок, выкладывал и него всякую снедь.

— С кем имею удовольствие?..— начал Башилов.

— Не узнаешь? — произнес приезжий, и по голосу Башилов тотчас узнал своего гостя.

— Брыков! — воскликнул он, и они начали обниматься.— Садись! — через мгновение произнес Башилов, торопливо сбрасывая парик, краги и прочую амуницию.— Вот обрадовал!.. Ну, длавай угостимся! Ивашка, тащи!

— А чего тащить-то? — отозвался денщик.

— Не хлопочи, батюшка,— кланяясь сказал Сидор,— у нас с дороги на всех хватит. Кушайте на здоровьице!

Башилов покачал головой.

— Продулся я вдребезги! — сказал он.— Но как ты изменился! Я не узнал тебя!

— Немудрено,— ответил Брыков и коротко рассказал свою историю.

Башилов бросил есть и вскочил со стула.

— Ах он негодяй! Ах подлая душа! — восклицал он во время рассказа.— И ты не отвел души, не побил его? Да я бы... да он бы...— И Башилов замахал кулаками.

— Этим не вернуть своего,— сказал Брыков.— Сюда я хлопотать приехал. Позволишь у тебя жить?

— Да сделай милость! За удовольствие! Здесь, брат, такая

казенщина! Брр! Я вот тебя сегодня познакомлю. В гости пойдем.

— Куда?

— К товарищу! Деньги у тебя есть?

— Деньги? Рублей семьсот есть.

— Семьсот! — радостно воскликнул Башилов.— Дай двести, голубчик!

— С удовольствием!

Башилов сразу просветлел и оживленно, самоуверенно заговорил:

— Ты отдохни немного, а потом пойдем гулять. Я тебе Петербург покажу. В аглицкий трактир зайдем, потом пойдем к Грекову. Славные ребята есть у нас, только все же не Москва! Куда им! А дело твое поведем. Не унывай! Подстроим так, что государь сам о тебе спросит! Ивашка, трубку!

Когда денщик подал ее, Башилов напустил полную горницу дыма, пил вино, привезенное Брыковым, и говорил без умолку, пока вдруг не откинулся к спинке стула и не захрапел. В горницу тотчас вошел Ивашка, приподнял своего барина и ловко свалил его на узкую кровать. Брыков последовал его примеру, и скоро в горнице раздался дружный храп.

Было часа три, когда Брыков проснулся от толчков в плечо.

— Вставай! — весело говорил ему Башилов.— Идем Питер смотреть, а там и к Грекову!

Семен Павлович встал и начал одеваться.

— Ну, ты клок этот уничтожь! — сказал ему Башилов, оглядев его статский костюм.— У нас он строго воспрещен!

Брыков торопливо зачесал спущенный на лоб клок волос.

— Теперь ладно! Идем! Бери деньги,— сказал Башилов и прибавил: — И забавный же ты в этой одежде! Словно приказный какой!

Они вышли. Прямо из ворот открывалась Конная площадь и на ней самую середину занимал высокий эшафот.

— Часто? — спросил Брыков, кивая на это мрачное сооружение.

— Каждый день! — ответил Башилов.— Смертных казней нет, а так, торговые: одного плетью, другого кнутом, клеймят, прав лишают... Теперь и дворян, братец! Недавно здесь из-за одного дворянина разговор поднялся, а император решил: так как за свой поступок дворянин своего звания лишен, то и подвержен телесному наказанию наравне с прочими. Вот как у нас!

— А красоты в городе нет!

— Дура голова! Мы еще до города не дошли! Вот подожди, увидишь Невскую перспективу, Гостиный двор, дворец!..

Они через огород вышли за нынешний Загородный проспект и шли, осторожно ступая по узким тропинкам, протоптанным в грязи. Справа и слева виднелись деревянные дома, окруженные то огородами, то садами. По дороге стали попадаться прохожие и извозчики, изредка проезжал собственный экипаж, и Башилов тотчас говорил, кто проехал.

— Откуда ты узнал всех?

— Эх,— ответил Башилов,— московская, братец мой, привычка. Всех знаю! Ну, вот и Невский.

Они вышли на Невскую перспективу, и Башилов показал приятелю Аничков мост, в то время деревянный, окрашенный в зеленую краску. Справа и слева стояли дома, перемежаясь с садами. Широкая улица, с двух сторон осененная густыми деревьями, шум движения по ней прохожих и экипажей, крики торговцев, длинное здание Гостиного двора и в конце высокий шпиль Адмиралтейства очень понравились Брыкову.

— Барин, пожалте! Подвезу! — предложил лихо подкативший извозчик.

— Садись! — сказал Брыков.

— Мы не имеем права! — махнул рукой Башилов.— Пойдем лучше! — И они пошли по улице, причем Башилов то и дело раскланивался со знакомыми.

Вдруг на улице произошло волнение.

— Смотри, смотри! — сказал Брыпсов.

Посреди улицы остановилась карета, из нее вышла богато одетая дама и стала в грязь ногами.

— Тсс! - прошипел Башилов.— На колени! — и сам вытянулся так, словно хотел дотянуться до неба.

Семен Павлович оглянулся и торопливо опустился на

колени. Посреди улицы на своем Помпоне колыхающейся рысью ехал император. Брыков смотрел ему вслед, пока он не скрылся, и поднялся с колен

— Это он к Лопухиной поехал, оттуда на постройку дворца, а потом домой и опять к ней чай пить! — пояснил Башилов.

Движение возобновилось снова.

Друзья прошли на Неву, где по набережной катились нарядные экипажи запряженные богатыми конями, и Башилов с гордостью называл Семену Павловичу всех знатных владельцев.

— Это — Зубов,— сказал он, указывая на красивого всадника,— он думал, что его император ушлет Бог весть куда, а государь приблизил его и, слышь, Кутайсов за него дочь выдает. Вон она с матерью идет!

— А вот братья Орловы, а вон Ростопчин едет. Государь его так и осыпает всякими милостями! Ну, а теперь вот сенат, площадь, вот памятник, это покойная императрица Петру поставила, а вот и аглицкий трактир. Зайдем!

Они вошли в низкие комнаты нижнего этажа и сразу очутились в тусклой атмосфере табачного дыма. У прилавка суетился человек в белом колпаке, за отдельными столиками сидели группы мужчин, прислуживающие проворно ныряли в толпе и среди общего шума из ее бедной комнаты раздавался сухой стук биллиардных шаров.

— Пройдем туда, — сказал Башилов.

На узких диванах вдоль стен сидели мужчины с длинными чубуками в руках и оценивали удары игроков, игравших на двух биллиардах.

— А, Башилов! — закричал один из сидевших, и этот возглас подхватил другой, третий.

Капитан начал оживленно здороваться то с одним, то с другим, а потом бойко закричал:

— Гарсон! Два пунша и две трубки! Брыков, садись!

Семен Павлович подошел и скоро познакомился со всеми.

Это были офицеры: кто Семеновского, кто Измайловского, кто Гатчинского полка пешие, конные и артиллеристы.

— Вы где вечером?

— У Грекова! У него карты!

— Башилов, держи мазу за Ефремова, а я за Сивкова!

— Врешь! Сивков играет куда лучше! Хочешь, я за Сивкова?

— Валяй!

Брыксов смотрел и дивился на беспечную жизнь этих офицеров. Что же говорят про суровую дисциплину? Да в Москве и похожего на это нет. Правда, в квартире кутят, так ведь это у себя дома.

— Выиграл! — закричал Башилов. — Давай два золотых! Спасибо, Сивков! Ну, Брыков, плати и идем!

Он кивнул всем и быстро прошел в соседнюю комнату. Семен Павлович расплатился и пошел следом за ним.

XVII

КУТЕЖ И ПОХМЕЛЬЕ

— Славные ребята, — говорил по дороге Башилов, — только прижимистый народ. Ах, да вот увидишь!

— А далеко это? — спросил Семен Павлович, чувствуя уже некоторую усталость.

— Близко! Почти рукой подать! Сейчас по Фонтанной и к Обуховскому мосту.

— Берегись! — раздалось вдруг над их ухом, и Брыков едва успел посторониться, как мимо них промчалась линейка, в ней сидел какой-то военный.

— Ишь, каналья! — проворчал Башилов.

— Кто это?

— Чулков! — ответил Башилов. — Вроде как полицеймейстер. Все знает!.. Недавно один офицер у нас подпил, да и начал хвастать, что государь его адъютантом сделает. И что же? На другой день в приказе: за хвастовство на две недели на гауптвахту! Вот и про тебя вскоре узнает!

— Я ведь не по своему виду. Я — как дворовый Ермолина!

— Фью! — свистнул Башилов.— Смотри, не влетел бы! Тогда и я с тобой!..

— Да ведь по моему виду совсем нельзя. Суди сам: выбывший из полка за смертью! Никто не поверит, что это и есть я!

— Да! Но всячески плохо. Надо начинать хлопотать скорее. Ну, вот и пришли!..

Башилов вошел на крыльцо каменного двухэтажного дома, поднялся по лестнице и позвонил.

В трех комнатах среди дыма от трубок толпился народ.

— А, Башилов! — воскликнул стройный, высокий офицер.

— Я! И привел к тебе своего друга из Москвы. Бывший поручик Нижегородского драгунского полка Семен Павлович Брыков.

— Очень приятно! Господа, еще партнер! Знакомьтесь!

Брыков почувствовал себя своим в холостяцкой компании и скоро успел перезнакомиться со всеми. В одной комнате компания гостей пила и ела, в другой за тремя ломберными столами шла игра, в третьей Брыков увидел трех женщин, декольтированных, с огромными, как башни, прическами. Они жеманились и звонко смеялись, поминутно чокаясь с офицерами бокалами.

— Наши красавицы! — сказал хозяин Брыкову.— Это — Нинетта, это — Виола, а это — просто Маша!

— По-нашему, по-московскому,— сказал Брыков, запросто здороваясь с женщинами,— Анюта, Феня да Маша!

— Фи! Феня! — ответила, вспыхнув, хорошенькая брюнетка.

— Что же, Феня, может быть, во сто крат красивее Клеопатры!

— Вы военный?

— Был!

— Отчего же перестали? Не нравится?

75

— Нет! Пришлось выйти,— сказал Брыков, покачав головой.

Сидевшие подле него офицеры окинули его подозрительным взглядом.

Семен Павлович понял их взгляды и вспыхнул.

— Случилась престранная история,— сказал он и тут же рассказал все происшедшее с ним.

— Как? — произнес Башуцкий.— Выходит, вы теперь...

— Живой мертвец! — ответил Брыков со смехом.

— Ай! Какой ужас! — воскликнула рыженькая Анюта.

— Глупая! — сказала Маша.— Ведь это только по бумагам.

— Мне вас жалко,— шепнула Брыкову Виола, пожимая ему руку, и он благодарно кивнул ей головой.

— Господа, игра начинается! Пожалуйста! — провозгласил хозяин, обходя комнаты.

— Все устроил? — спросил Башуцкий.— И окна? И Степку послал?

— Все!

— Идемте! — Башуцкий встал и сказал, обращаясь к Семену Павловичу: — У нас, батюшка, здесь столица, особые порядки! Дольше девяти часов сидеть нельзя. Должны огни гасить, а в карты — ни-ни! Вот и делаем: окна занавешиваем так, что ни огонька не видно, и денщиков на дозор посылаем! Идемте!

— Возьми и меня! — сказала Виола.— Тебе, как мертвецу, счастье будет!

— Пойдем! — ответил Семен Павлович.

В комнате метал Вишняков. Громче всех раздавался голос Башилова.

— Что за игра? — подходя к столу, спросил Брыков.

— Экарте! — ответил Башилов и шепнул: — Дай десять золотых, продулся:

— Играй со мной! — сказал Брыков и, вынув деньги, поставил их на поле.

— Ваша! — через минуту сказал Вишняков.

Брыков беспечно подвинул выигрыш и оставил все деньги на том же месте.

— Ваша! — опять ответил Вишняков.

— Эге! Да ему везет!

— Я говорила! — закричала Виола.

— Ну и я! — сказал Башилов.

— Стой, а я передвину! Хочешь, двигай и ты!

— Нет, я оставлю!

— Ваша! — бледнея объявил банкомет, равнодушно беря ставку Башилова. — Тогда снова — по-банку!.. — сказал Брыков, в то же время задумав: "Выиграю здесь — значит, и дело выиграю!"

— Ваша! — раздался общий крик, и Вишняков бросил карты.

— Выиграю! — радостно сказал Брыков и дал Виоле целую горсть золотых. — Бери! — сказал он тихонько Башилову. — Я дальше играть не буду.

— Полиция! — вдруг закричал, вбегая в комнату, денщик.

Почти тотчас в комнатах погасли все свечи. Началась какая-то суматоха.

— Бежим! — шепнула Брыкову Виола и потянула его за руку. Он послушно пошел за ней. — Сюда, сюда! Стой! Я найду свою тальму. Ну, вот. Пойдем!

Это все происходило в темноте. Они как будто вышли из комнат, когда до них донесся властный голос:

— Приказываю открыть!

— Теперь бежим! — шепнула Виола.

Они очутились на дворе. Луна ярко светила, и Брыков увидел Зеленую лужайку, низкий забор и за ним сад.

— Ты помоги мне перелезть, — сказала девушка, — а потом в сам.

Брыкову стало смешно. Он, без шинели и шляпы, в одном фраке, пересаживал через забор красавицу в кружевной тальме. Но тут же он вспомнил, что может быть схвачен полицией, и, почти перебросив через забор Виолу, сам в один миг очутился на его гребне и спустился в какой-то сад.

— Это — сад графа Юсупова! — сказала Виола. — Мы потихоньку проберемся, тут есть лазейка, вылезем, и ко мне домой! Бедный, ты даже без шляпы! А деньги взял?

— Взял!

— Ну, и отлично! — И Виола вздохнула.— Я завтра пошлю Катю и все купим. Лезь!

И они пролезли в узкую щель в частоколе.

— Откуда ты знаешь тут все эти ходы?

— Я? — просто ответила Виола.— Я была у графа дворовой! — И, идя по узенькому проулку, она рассказала Брыкову свою историю.

Она была дворовой графа Юсупова и обучалась для сцены танцам. В балете "Амур на ловле" ее увидел богатый подрядчик Семенов и выкупил на волю. Она жила с ним три года, пока он не умер от паралича. Покровителя не было, и она стала прелестницей. Офицеры Семеновского полка все ее знают. Она рассказывала свою историю так спокойно и просто, что Брыкову стало даже весело с ней.

Когда он проснулся рано утром, первой его мыслью было идти домой.

— Выпей кофе! — сказала ему девушка.— Я послала Катю за вещами и заодно узнать, что вчера было. Да вот и она! Ну, принесла? Что там?

В комнату вошла хорошенькая горничная с плутоватым лицом.

— Все сделала,— ответила она,— а потом и туды сбегала. Степа все рассказал. Беда! Сам Чулков наехал, потом плац-майора вызвал. Всех на гауптвахту взяли!

— Ай! Ай! Ай! А Машу и Нюшу? — И их увели!

Девушка всплеснула руками.

— Вот им беда будет! Государь их вон вышлет.

— А государю-то что за дело?

— Ах, ты не знаешь! Государю обо всем докладывают!

Брыков широко перекрестился и встал.

— Чего ты это?

— Я подумал, что было бы, если бы я попался! — сказал он и прибавил: — Спасибо тебе! Вот, сколько могу! — Он опустил в карман руку и вытащил горсть золотых монет.— Возьми!

— Не забывай меня! — ласково сказала ему девушка.— Может, я и пригожусь тебе!

Брыков благодарно кивнул ей, надел на себя какую-то старую фризовую шинель, высокую шляпу и вышел от гостеприимной девушки. Он шел, не зная дороги, пока не встретил извозчика, и тотчас сел на линейку. Извозчик потрусил мелкой рысью, и Брыков, подпрыгивая на каждом ухабе, думал: "Нет, от этого Башилова и его компании подальше. Еще не на такую историю напорешься. Спасибо этой Фене, а то если бы попался, так, пожалуй, и всему делу конец бы... сразу!.."

XVIII

МЫТАРСТВА НАЧАЛИСЬ

Когда Брыков вернулся в квартиру Башилова, он застал и денщика Ивашку, и своего Сидора в совершенном унынии.

— Взяли их благородие,— горестно сказал денщик,— теперь там совсем затоскуют!

— А надолго?

— Кто знае! Може, неделя, може, и месяц. Это як царь замыслит. Беда моему барину!

— А ты чего нос повесил? Я вернулся!

Сидор с тяжким вздохом только махнул рукой.

— У нас с вами и того хуже!

— Что такое? — встревожился Брыков.

Сидор покрутил головой и начал свой рассказ:

— Сегодня в утро пришел какой-то квартальный и прямо на Ивана накинулся: какие такие у евонаго барина поселенцы, что за люди? Я тут сейчас вышел и ему наши подорожные. Он посмотрел их и ну головой крутить. "Нечисто,— говорит,— тут что-то. Как это, дворовый и с офицером пошел по городу гулять? Как это дворовые и в такой коляске приехали?". Я ему, уж соврал, что коляска от моего барина господину Башилову, вроде как бы его, а он: "Идем в квартал!". Я ему, проклятому, псу рубль отвалил. Ты уж, батюшка, прости на это. А он, видно, разлакомился. "Я ужо, — говорит, — снова зайду!" Попались мы, батюшка барин.

— Глупости! — крикнул Брыков, а у самого сжалось сердце дурным предчувствием.

Действительно, если привяжется полиция, он, чего доброго, не сумеет укрыться от нее, так как она жадна до взяток и до поборов. Надо начать хлопоты, и начать сегодня же. Грузинов — большое лицо, предлагал сам свои услуги. Сегодня же и к нему. Брыков решительно тряхнул головой и, позабыв о передрягах прошедшей ночи и усталости, надел дрянную шинелишку и взял шляпу.

— Я уйду! — сказал он Сидору. — Придет квартальный, вели утром ему быть. Да, вот еще что: купи мне шинель и добрую шляпу. Вот с Иваном и сходишь.

— Береги себя, батюшка! — жалостно сказал ему Сидор.

— Ну вот, старый! Что я — младенец, что ли?..

Брыков вышел и направился прямо к Зимнему дворцу. Он уже знал, что Грузинов живет там, при царе, хотя и не имел понятия, как добраться до него.

"Ну да серебро все замки отпирает", — подумал он и с решительностью вышел на площадь Зимнего дворца.

Здание дворца поразило его. На огромной площади прекрасное здание возвышалось сказочным исполином, сверкая на солнце рядом оконных стекол. В здание вели несколько подъездов, но Брыков благоразумно сообразил, что ему надо искать дороги где-нибудь с заднего крыльца, а не с парадных подъездов, и потому обошел весь дворец и вышел на набережную.

Час был обеденный, и движение по набережной было незначительно. Брыков увидел в здании дворца маленькие двери, близ которых стоял бритый лакей в парике и ливрее. Семен Павлович решительно подошел к нему и заговорил, давая ему рубль:

— Скажи, милый человек, как я могу повидать полковника Грузинова?

Лакей, сначала презрительно покосившийся на Брыкова, при виде рубля (огромной суммы) сразу изменил свое обращение и вытянулся в струнку.

— Они тут-с пребывают, и коли ежели не при государе, то завсегда их видеть можно.

— А теперь они при государе?

— Никак нет. Их величества изволили на стройку уехать.

— Так ты, может, проведешь меня? — сказал Брыков и дал ему второй рубль.

Лакей совершенно был куплен; его лицо выразило полную готовность.

— Пожалуйте! — тотчас же сказал он и услужливо распахнул дверь.

Брыков вошел и снял свою шинель. Два лакея, сидевшие на конике, тотчас встали и с изумлением смотрели на смелого посетителя.

— Сюда пожалуйте! — И лакей стал взбираться по широкой винтовой лестнице.

Они вошли в огромный зал, затем прошли ряд небольших комнат, и лакей, пошептавшись с другим лакеем, сдал Брыкова, сказав:

— Он доложит, а вы подождать извольте!

Семен Павлович остался в небольшой круглой комнате; посредине ее стоял круглый стол, вокруг него чопорные кресла, а вдоль стен, увешанных картинками, чинно стояли золоченые стулья. Брыков с замиранием сердца стал дожидаться. Прошло минут пятнадцать, потом в высокой комнате гулко раздались шаги, и Брыков едва успел повернуться, как увидел Грузинова.

Тот сразу узнал его, и его красивое лицо осветилось улыбкой.

— А, дорожный товарищ! — весело сказал он. — Крепостной музыкант! Ну, с чем пожаловали?

Брыков смущенно поклонился и, прежде чем начать говорить, невольно покосился на недвижно стоявшего у дверей лакея.

Грузинов заметил этот взгляд, радушно кивнул своему гостю головой, сказал: "Пройдемте ко мне!" — и пошел из зала.

Они прошли несколько комнат и очутились в небольшом рабочем кабинете, убранном с совершенною простотой.

— Здесь я отдыхаю,— сказал Грузинов,— садитесь и говорите, а я ходить буду!

Он стал ходить по комнате большими шагами, но тотчас остановился, едва Брыков, начав свой рассказ, сказал:

— Я прежде всего должен извиниться в обмане.

— Что вы не крепостной и не музыкант? — быстро перебил его Грузинов.

— Да! Я — Брыков, бывший офицер Нижегородского драгунского полка, которого государь вычеркнул из списков за смертью! — И Семен Павлович рассказал все: и о своей невесте, и о брате, и попытке отравления, о ложном известии о смерти, о резолюции государя и полном разорении.

Грузинов стоял перед ним, и по лицу было видно, как искренне он сочувствовал Брыкову.

— Удивительное приключение! — задумчиво сказал он.— Невероятное!

Брыков встал со стула.

— Я слышал о нашем значении при государе. Молю вас, примите во мне участие, замолвите свое слово!

Грузинов остановил его движением руки и покачал головой.

— Годом раньше это было,— сказал он с горькой усмешкой,— а теперь я недалек от опалы. Под меня подкапывается всякий...— Он опустил голову, но потом быстро поднял ее и с ободряющей улыбкой взглянул на Брыкова.— Но я вам все-таки помогу! Я извещу вас, когда и как просить самого царя. Это — все, что я могу. А пока вам надо сходить к графу Кутайсову. Это прекрасный человек, а я скажу ему о вас.

Брыков поклонился.

— Дело в том, что по виду крепостного вам жить нельзя. Чулков живо узнает правду, и тогда вы пропали. Надо предупредить его! Вы пойдете к Кутайсову, он направит вас к

Палену — и все уладится. К графу идите завтра же, прямо на дом. Он здесь живет. Идите утром, часов в десять!..

— Чем я отблагодарю вас! — с жаром сказал Брыков, горячо пожимая руку Грузинова.

— Э, полноте! Оставьте адрес, чтобы я мог оповестить вас!

Брыков написал свой адрес и радостный направился домой.

Переходя площадь, он увидел государя. Последний ехал верхом, жадно высасывая сок апельсина. Рядом с ним ехал Пален, немного позади адъютант Лопухин.

"И в руках этого человека моя жизнь, имущество и любовь", — подумал Брыков, быстро преклоняя свои колени.

Он вернулся домой. Сидор встретил его и сказал:

— Опять был этот квартальный и опять я ему рубль дал.

— Почему?

— Ждать хотел, а потом меня в часть вести.

— Но за что же?

— А просто ваши рубли приглянулись, — сказал Иван, — им покажи только! Кушать прикажете?

— Давай!

Брыков сел есть и за едой стал расспрашивать Ивана о Башилове.

— Чего! — говорил Иван. — Господин самый хороший! Кабы у нас деньги были. А то надеть нечего. Ведь как заведутся какие, сейчас в карты, а начальство — на гауптвахту! Так и живет: месяц дома, месяц там!

Брыков улыбнулся.

— А сходить к нему можно?

— Отчего нельзя? У Адмиралтейства они завсегда сидят. К ним пущают!

— Завтра же к нему схожу, — сказал Брыков.

Он лег спать, а проснувшись, сел писать письмо. Он писал Ермолину о своих делах: о дороге, встрече с Грузиновым, о своих двух днях в столице и о начале хлопот. Потом он стал писать Маше, моля ее о терпении и описывая свою любовь. Ее образ вставал у него перед глазами как живой. Ему сделалось невыносимо грустно. В пустой комнате было неприятно, оплывшая свеча горела трепетным светом, за перегородкой мирно храпели денщик и Сидор.

— Брат, брат! Что я тебе сделал? — с укором произнес Брыков, и у него невольно выступили на глазах слезы.

XIX

ДОБРЫЕ ЛЮДИ

Едва Семен Павлович проснулся на другой день, как Сидор тотчас сказал ему:

— Аспид-то этот уже тут!

— Какой аспид?

— А квартальный! "Хочу,— говорит,— на этого крепостного поглядеть".

Брыков нахмурился, но тотчас же вспомнил, сколько неприятностей может сделать ему этот квартальный, и, быстро одевшись, вышел на другую половину избы.

Квартальный, в коротеньком мундире с невероятно высоким воротником, в ботфортах и кожаной треуголке, маленький, толстый, с заплывшим лицом, сидел развалившись на лавке и говорил денщику Ивану:

— Кабы твой барин был не военный, а, так сказать, по примеру прочих, так мы за этот самый картеж из него веревку свили бы, потому что...

Но тут вошел Брыков, и квартальный оборвал свою речь. В Семене Павловиче сразу чувствовался барин, и квартальный быстро поднялся, увидев его, но потом вспомнил, что перед ним крепостной, и обозлился.

— Ты это что же! — закричал он.— Порядков не знаешь? Приехал, да вместо того, чтобы в квартал явиться, нас ходить заставляешь? А? Что за птица?

Брыков вспыхнул и забылся при виде такой наглости.

— Хам! — закричал он.— Да я тебя велю плетьми отстегать! С кем ты говоришь?

Квартальный отшатнулся и вытянулся в струнку.

— Я, ваше бла... го...— начал он и тотчас одумался. По его жирному лицу скользнула лукавая усмешка, он вдруг принял небрежную позу и заговорил: — Эге-ге! Что-то удивительно нынче крепостные говорят! Совсем будто и господа!

Брыков изменился в лице, а Сидор хлопотливо заговорил:

— Ну что, ваше благородие, еще выдумали! Он — известный музыкант, у барина в почете, вот и избаловался!

— Ты мне глаз не отводи! — сказал, ухмыляясь, квартальный.— Знаем мы эти побасенки! Идем-ка лучше, музыкант, в квартал. Там дознаемся, каков ты есть крепостной.

Семен Павлович обмер, но быстро нашелся:

— Я не могу сейчас идти с тобой, потому что зван утром к графу Кутайсову, а после...

При имени всесильного графа у квартального опять изменилось лицо. Он совершенно ополоумел, носом чуя, что здесь есть что-то неладное.

— Барина нашего просили его сюда ради музыки прислать,— слова поспешил сказать Сидор, подмигивая Брыкову.

Квартальный смущенно почесал затылок.

— Ишь ведь! — задумчиво пробормотал он. Брыков воспользовался его нерешительностью.

— Ну, мне с тобой некогда разговоры вести,— резко сказал он,— на тебе! Выпей за мое здоровье, да и убирайся! — И, сунув квартальному три рубля, он вернулся в горницу.

Минуту спустя вошел Сидор с озабоченным лицом.

— Чует, окаянный, что неладно у нас,— сказал он, вздыхая,— беда с ним будет!

— Какая беда еще! Давай есть!

— Какая беда? — повторил Сидор, принеся еду.— Сами знаете: свяжись только с полицией... последнее дело!..

— Ну, ну, не каркай!.. У меня заступники здесь найдутся!

Семен Павлович поел, оделся и вышел. На площади

толпился народ, навстречу ему бежало несколько человек, чуть не сбив его с ног.

— Что там такое? — спросил Брыков у стоявшей возле него бабы.

— А казнить, батюшка, будут! Вора, вишь, казнить будут. Сперва плетью стегать, потом клеймить, а там в Сибирь ушлют.

В это мгновение на площади увеличилось волнение. Вдали глухо загремел барабан, и показалась телега. Семен Павлович остановился. Грохот барабана стал яснее, телега приблизилась. На скамье с завязанными назад руками сидел преступник, и на его груди болталась дощечка с надписью: "Вор". Вокруг телеги мерно шагали солдаты, и два барабана выбивали резкую дробь. Толпа раздвинулась и потом сомкнулась, словно проглотив телегу с преступником. Барабанный бой смолк.

"На эшафот ведут",— подумал Брыков и поспешно пошел дальше — мерзость публичной казни уже смущала многих...

Семен Павлович вышел к Ямской слободе, сторговал извозчика и поехал в Зимний дворец, размышляя о предстоявшем свидании.

Граф Кутайсов был влиятельным вельможей при императоре. При штурме Кутаиса вместе с пленниками был забран и маленький турчонок. Его привезли в Петербург, он понравился цесаревичу Павлу, и тот взял турчонка под свое покровительство, окрестил его под именем Ивана и дал ему фамилию Кутайсов. С течением времени этот турчонок, Иван Павлович Кутайсов, сделался одним из ближайших к императору лиц, был обер-гардеробмейстером, в чине тайного советника, в звании графа и имел все российские ордена, включая даже Андрея Первозванного! Подозрительный цесаревич сделал из него брадобрея, а своей ласковой внимательностью верного раба ловкий, находчивый, умный Иван Павлович часто умел возвращать Павлу утраченное хорошее расположение духа, обращать его гнев в милость. И много людей было обязано своим спасением заступничеству доброго брадобрея. Этот Кутайсов являлся едва ли не симпатичнейшим из людей, окружавших императора. В течение всей удивительной карьеры он никому не причинил вреда и очень многим принес пользу.

Семен Павлович ничего не знал о нем, направляясь к нему. Он знал только, что Кутайсов — почти временщик, что вышел в люди из брадобреев, и, слышав немало рассказов об Аракчееве и Архарове, переносил и на Кутайсова их характеристики.

"Может, вот Грузинов слово замолвил",— утешал он себя, входя на дворцовый двор и в душе читая молитвы.

Доступ к Кутайсову оказался очень нетруден. Один из сторожей тотчас повел Семена Павловича к крыльцу, прошел с ним длинный коридор и, указав на дверь, сказал:

— Тут и они!

Брыков позвонил и вошел в скромную прихожую.

— Пожалуйте в приемную! — сказал лакей.— Граф сейчас откушают! Как доложить прикажете?

— Скажи от полковника Грузиноза!

Эти слова произвели на лакея магическое действие. Он низко поклонился и тотчас исчез за дверью.

Брыкову почти не пришлось ждать. Дверь распахнулась, и к нему вышел граф в шитом золотом мундире, в жабо и, ласково махнув своему посетителю рукой, украшенной драгоценными кольцами, сказал:

— А, от Евграфа Осиповича! Живей мертвец!

Брыков низко поклонился ему и заговорил дрожащим голосом:

— Ваше сиятельство! Я здесь один! До царя далеко! Только и надежда на доброту сильных людей!

— Вы хорошо сделали, что обратились к Евграфу Осиповичу! Он многое может! А я,— и Кутайсов улыбнулся,— я ведь только царя брею. Мое дело маленькое!

Брыков поклонился снова.

— Одного вашего слова будет довольно для моего спасения!

— Нет! Нет! — замахал руками Кутайсов.— Я могу разве совет дать только, а от слов избавьте!.. Вот что.. Я говорил с Грузиновым, и мы решили так. Напишите государю прошение и подайте его. Только надо в добрую минуту подать. Главное!

— Граф поднял вверх палец.— Послезавтра государь в Павловск едет на маневр, так и вы туда пожалуйте. Он будет назад во дворец ехать, вы тут и подайте!.. Я и Евграф Осипович, со своей стороны, по слову ввернем.— Брыков схватил руку Кутайсова и хотел поцеловать ее, но тот бистро отнял свою руху и продолжал: — А что касается проживательства, то вам лучше объявиться, а то Чулков доследит, и большая корфузия может выйти! Я вам к графу Палену цидулочку дам! Подождите! — Кутайсов ушел. В соседней комнате раздавались веселые голоса, кто-то запел и смолк. Прошло несколько минут, и Кутайсов вышел с конвертом в руке.— Он вам все сделает и Чулкова укротит! — сказал граф, подавая письмо.— Ну, дай вам Бог удачи!

Брыков поклонился.

— Не забудьте: послезавтра! — повторил граф.

— Бог наградит вас за доброту вашу! — сказал растроганный Брыков и, на радостях дав полтину лакею, быстро вышел из дворца.— Где живет граф Пален? — стфосил он у одного из служителей.

— В комендантском доме,— ответил тот.

Брыков, оживленный надеждою, направился к Палену, бывшему тогда петербургским генерал-губернатором.

XX

МЫТАРСТВА

Граф Пален был высокий, костлявый старик с умным, выразительным лицом и добродушным взглядом. В нем не было особых административных способностей, а тем более полицейских, и после расторопного и чрезмерно

88

исполнительного Архарова он был совершенно непригодным для службы, если бы не Чулков, состоявший при нем в должности обер-полицеймейстера. Этот Чулков, выслужившийся из гатчинских солдат, обладал и неутомимостью, и удивительным чутьем. Казалось, ничто происходившее в столице не являлось для него тайной, и каждый вечер, и каждое утро он приносил Палену самые необыкновенные новости. В это утро он был у него с докладом удивительного свойства:

— В Петербург приехал какой-то человек, по подорожной называющий себя крепостным музыкантом Ермолина. Приехал он вдвоем с крепостным человеком какого-то Брыкова, причем этот второй при нем вроде как слуга. Приехал он в очень хорошей коляске и остановился у капитана Башилова. Денщик говорит, что они друг другу говорят "ты". Потом они вместе гуляли, были в аглицком трактире. Не удивительно ли это?

Граф Пален зарядил свой нос огромной понюшкой табака и, покачав головой, заметил:

— Может, он — очень хороший музыкант. Артист! Тогда капитан для форса ходил с ним.

Чулков кивнул и продолжал:

— Так, ваше сиятельство, а зачем он неизвестно где пропадал всю ночь и, вернувшись домой, тотчас отправился... Куда бы, как вы думаете?

— Я не знаю,— добродушно ответил граф.

— К Грузинову во дворец! И там долго совещался.

— А! — воскликнул Пален, и на его лице выразилось удивление.— Это странно!

— Я хочу арестовать его и допросить.

— Да, да! Арестуйте и допросите!

Чулков откланялся и помчался исполнять свое намерение, а граф Пален все еще сидел в своем кабинете и задумчиво качал головой. Вошедший слуга подал ему письмо и доложил:

— Господин пришли. Ваше сиятельство повидать желают, и вот письмо.

Пален посмотрел на конверт.

— От Кутайсова! Ну, ну, что ему надо! — Он вскрыл конверт и стал читать письмо, и по мере чтения его лицо прояснялось. Потом он добродушно засмеялся, позвонил и велел слуге ввести к нему господина. — А! Живой упокойник! — сказал он, увидав входившего Брыкова. — Прошу покорно! — И Пален указал ему на кресло.

Брыков низко поклонился и сел.

— Ай, ай, ай! — сказал ему граф. — Ну, и зачем вы нам столько хлопот сделали? Зачем это по чужой подорожной ехали? А?

— Ваше сиятельство, — ответил Семен Павлович, — кто же поверил бы, что я этот самый мертвец и есть!

— Ха-ха-ха! Действительно, удивляться надо. По бумаге мертвый, и вдруг живой!.. Ха-ха-ха!

Брыков просительно взглянул на графа и произнес:

— Я пришел умолять ваше сиятельство облегчить мне пребывание тут. Ко мне и то квартальный два раза в день ходит!

— Два раза? Это хорошо! Это — исправная служба! Да! — И граф улыбнулся, но, увидев смущение Брыкова, поднял руку и сказал: — Мне пишет Иван Павлович о вас, и я буду помогать вам. Я скажу, чтобы вас не трогали, а вы, когда вас спросят, пожалуйста, правду скажите!

— И со мной ничего не будет?

— Ничего! Я скажу!

Брыков поблагодарил и радостный направился домой. Его дорога лежала мимо Адмиралтейства. Он увидел гауптвахту, вспомнил о Башилове и решил зайти к нему. Подойдя к гауптвахте, он вызвал дежурного офицера и попросил позволения увидеться с арестованным. Офицер, видимо, был навеселе.

— Башилова! Капитана сорвиголову? А, сделайте милость! Пожалуйте! Мы только что пуншик вместе пили! Ха-ха-ха!

Он, пошатываясь, пошел впереди Брыкова и провел его в арестантское помещение. Это была огромная комната с четырьмя жесткими диванами, двумя столами и несколькими стульями. На диванах врастяжку лежали арестованные офицеры, у стола несколько человек сидели со стаканами и трубками, смеясь и болтая.

— Башилов, гость к тебе! — крикнул дежурный.

Башилов вскочил с дивана и закричал:

— А! Брыков! Живой мертвец! Дружище! Вот удружил! Истинно! Господа, мой друг Брыков! Живой мертвец!

Из компании офицеров трое оказались уже знакомыми Семену Павловичу по тому памятному вечеру.

— Как это — живой мертвец? — не понял один из офицеров, и Брыков рассказал снова свою историю.

— Вот так штука! — воскликнули слушатели.— Прямо сказка!

— Истинно сказка! — подтвердил Башилов и обратился к Семену Павловичу: — Расскажи, братец, теперь, как это тебе удалось удрать? А? Просто ты у нас фокусник, да и только!

— Мне Виола помогла. Я с ней убежал и у нее пробыл ночь.

— Виола? Ах она, шельма этакая! — засмеялся Греков.— Она видела, что вы в выигрыше!

— Ну нет! Просто добрая девушка. А вы надолго тут?

— По целому месяцу! Тоска, хоть удавись!

— А мы пить будем,— сказал один из офицеров и закричал: — Сашка! А-у!

На крик явился дежурный.

— Чего орете?

— Пошли за вином! Вот золотой!

— Для гостя! — засмеялся дежурный офицер и вышел. Через полчаса двое солдат внесли вино и стаканы.

— Ну, ребятки, за мертвеца! — возгласил офицер, и все окружили стол.

— Дежурного сюда!

— Башилов, пей!

Началась веселая попойка, и все офицеры разом забыли, что они отбывают суровое наказание. Вино выпили, и Брыков для реванша послал от себя за новой порцией.

— Сразу нашего брата видно! — кричали пьяные офицеры.— Как тебя звать-то?

— Семен!

— Выпьем на "ты", Сеня!

В это время император, проезжая к Лопухиной, задумал заглянуть на гауптвахту. Он подъехал к ней через подъемный мостик и, к своему удивлению, не заметил никакого волнения. Часовой мирно дремал. Дежурный офицер отсутствовал, и никто не вызвал караула. Павел Петрович вспыхнул и тотчас вернулся назад.

— Иди на гауптвахту! — сурово сказал он своему адъютанту.— Узнай, как зовут дежурного офицера, и арестуй его!

Адъютант поскакал и вернулся через пять минут.

— Сделал?

— Никак нет-с!

— Это почему? — лицо Павла побледнело и он закусил губу.

— Не отдает шпаги. Обругал меня, сказал неприличность...

— Гм! Кто такой?

— Черемисов, поручик егерского полка!

— Иди снова! Скажи, я велел!

Адъютант скрылся.

Император в нетерпении рассекал хлыстом воздух и вздрагивал в седле. Офицер вернулся.

— Арестовал?

— Никак нет! Не дает и бранится. Хотел приказать стрелять в меня!

— Да он о двух головах? — воскликнул Павел Петрович и ударил коня. Последний тотчас вынес его к гауптвахте, император остановился. Раздался барабанный бой, и быстро выбежавший караул тотчас выстроился, а поручик Черемисов подошел к государю неверным шагом и стал было рапортовать, но государь тотчас перебил его: — Вы, сударь, пьяны,— закричал он,— не вам сторожить, а вас сторожить. Вашу шпагу! Вы арестованы! Ну-с!

Поручик покачал головой и ответил:

— Никому не отдам шпаги!

— Как?!

— По уставу, меня раньше должны сменить с караула, а потом арестовать!

Император вдруг смутился.

— А ведь он лучше моего устав знает,— сказал он адъютанту.— Не пропивай присяги только! — крикнул он поручику и отъехал прочь, очень довольный, что натолкнулся на такого смышленого офицера.

— По этому случаю выпить! — заявил Брыков, когда Черемисов вошел в общую комнату и рассказал, что с ним было.

— Верно! Посылай за вином!

Вино принесли, и попойка продолжалась.

Только в шесть часов Семен Павлович сильно навеселе отправился домой, напевая себе под нос песню. На душе у него было легко и свободно; он был уверен, что его дело удастся у царя, который вспыльчив да отходчив, который справедлив и добр. Ему представлялись радостное возвращение домой, встреча с Машей и расправа с родным братцем.

Он уже подходил к своему дому, как вдруг на него набросилась полицейская стража и перед ним очутился квартальный.

— Пошли прочь! — закричал Брыков.— Как вы смеете!

— А вот там увидим! — ответил квартальный.— Анисим, Петр волоките его на съезжую! Там разберем, кто он есть: крепостной музыкант или умерший офицер!..

XXI

МЫТАРСТВА ПРОДОЛЖАЮТСЯ

Брыков перестал защищаться, и его живо доставили на съезжую, или квартальную, избу. Это было некрасивое, грязное и угрюмое одноэтажное здание с маленькими, узкими окнами, заделанными железными решетками, с полицейскими служителями у ворот и у каждой двери. Его ввели в большую комнату, и квартальный тотчас куда-то скрылся. Семен Павлович оглянулся. Два постовых стояли у дверей, на грязных лавках сидели люди подозрительного вида, откуда-то из коридора слышались крики и свист розог, чей-то голос кричал: "Постой! Как плетюхами отдерут, покаешься'" — В ответ на это раздалось: "Смилуйтесь, ваше благородие!.." — Затем опять возглас: "Я тебе смилуюсь, рак-к-калия!" — И послышалась крепкая пощечина. В ту же минуту в комнату влетел высокий толстый пристав в огромных ботфортах, в сюртуке нараспашку, с красным усатым лицом и прямо бросился к Брыкову.

— А! — заорал он.— Ты кто, голубчик? Музыкант? Дворовый? А? Петров, Сидоров, Иванов?

Семен Павлович побледнел от гнева.

— Я вас попрошу...— начал он.

Но пристав затопал ногами и замахал перед его лицом бумагой.

— Он меня попросит! А, каков! А это что? Это? — Он ткнул в бумагу.— Из Москвы пишут: "Задержать беглого человека Брыкова, скрывающегося под именем"... А? А?

— Я — сам Брыков! — гневно закричал, сжимая кулаки, Семен Павлович.

Пристав отступил от него и нахмурился.

— Сам Брыков! — сказал он.— Еще лучше! Ну да мы разберем! Посиди тут! — И он пошел из комнаты, шепчась с квартальным, а Брыков бессильно опустился на лавку.

"Что же это такое? Значит, обещание графа Палена —

94

пустая насмешка? Только что обещал и тут же... на! Донос из Москвы! Кто бы это мог постараться? Кто же, кроме брата!" — И он громко усмехнулся.

В это время из комнаты вышел квартальный, подкрался к Семену Павловичу и, сев подле него, фамильярно потрогал его за колено и зашептал:

— А ты вот что! Наш барин отходчивый! Ты его умасли и все! Мне рубликов десять дай, ему сотняжку — и все потихому... вот! А то на рожон лезть плохо будет — выдерем и этапом в Москву! Так-то, друг!

Брыков резко отодвинулся от него и сказал:

— Я передам обо всем этом графу Палену!

— Графу? — воскликнул квартальный и вдруг расхохотался жидким смехом.— Хи-хи-хи! Графу! Он — графу! Вот уморушка-то! Графу!

— Ты чего грохочешь там? — раздался из соседней комнаты голос пристава.

— А вот наш-то сокол к графу Палену идти хочет! Хи-хи-хи!

Брыков не выдержал и вдруг, размахнувшись, хватил квартального по физиономии.

— Ой-ой! — заорал квартальный.— Сидор, Поликарп, хватайте его! Я ему покажу!

Семен Павлович отскочил в угол комнаты и схватил табурет. Городовые бросились на него, квартальный кричал:

— Я его запорю, каналью!

— Что здесь за драка? — вдруг раздался оклик, и в комнату вошел высокий, стройный офицер со строгим лицом.

Городовые сразу отскочили и вытянулись в струнку, квартальный низко поклонился и тоже выпрямился. Брыков опустил табурет. В ту же минуту в комнату влетел пристав и тоже униженно вытянулся перед вошедшим.

— Что за драка? - повторил офицер.

Квартальный выступил вперед.

— Честь имею доложить, что стараниями своими выследил беглого крепостного, о коем имел честь вам ранее докладывать!

— Кто такой?

Офицер взглянул на Брыкова. Тот поклонился офицеру и сказал:

— Я был сегодня у графа Палена и...

— Вы — Брыков? — быстро спросил офицер.

— Я!

Пристав и квартальный на миг онемели.

— И вот эти нанесли мне ряд обид!

— Они? — Офицер сердито взглянул на последних, а затем сказал Семену Павловичу: — Можете идти, а этих ослов извините. Они от усердия!

Брыков поклонился офицеру, тот протянул ему руку, причем назвал себя:

— Полковник Чулков!

Сторожа бросились поспешно очищать Брыкову дорогу, пристав и квартальный поклонились чуть не до земли.

Семен Павлович вернулся домой уже поздно вечером, и его встретил встревоженный Сидор.

— Батюшка, барин! — воскликнул последний.— Вернулся! Ну, слава Те, Господи! А я уж боялся. Ведь все этот квартальный вяжется: "Кто есть твой барин? Вот ужо заберем его!" Я ему все рупь да рупь!..

— Ну, теперь можешь прямо в шею гнать,— весело ответил Брыков и расхохотался, вспомнив лица пристава и квартального.

Но на другое утро его ждала новая неприятность. Сидор, вздыхая, сказал ему:

— Что, батюшка, Семен Павлович! Совсем нам плохо приходится! Теперь Никифор привязался и гонит нас.

— Что такое? — ке понял Брыков.— Какой Никифор?

— Огородник Никифор, хозяин тутошний!

— А ему что? Ведь мы у Башилова!

— Вот поди ж ты, а он говорит... Да что! — махнул Сидор рукой.— И не выговоришь!

— Что говорит-то?

— Говорит, что никак не может у себя мертвеца держать! Баба его, слышь, к попу побежала!

— Что за чушь? Какой мертвец?

— Про тебя, батюшка! Квартальный-то в злости, что ли, пришел и наплел. Теперь и Иван-денщик плюет да молитвы читает! Да что! Никифор-то там в кухне стоит!

Брыков быстро вышел и невольно усмехнулся, когда увидел, как шарахнулся в сторону здоровенный мужчина при его появлении.

— Что тебе? — спросил его Брыков. Мужик замялся и с трудом выговорил:

— Увольте... то есть, чтобы от вас!.. Потому невозможно... баба... и все такое. Опять мораль.

— Дурак! — выругался Брыков.

— Как будет угодно, а только не могу-с.

— Собирай вещи! — приказал Брыков Сидору. — И на постоялый! Живо!

Сидор стал собираться, а Семен Павлович в волнении ходил по горнице.

На постоялом Брыков снял две комнаты. Разложив вещи, он приготовился писать прошение на имя государя, как вдруг к нему снова явился Сидор и уныло произнес:

— Гонят нас и отсюда!.. Лучше бы вы, барин, по прежней подорожной, будто крепостной...

— Куда же мне деться? — воскликнул Брыков, схватившись за волосы.

— И сказать не сумею, а только тут никак невозможно! Хозяин говорит, что все бабы воют!

— Собирай вещи! Я найду квартиру! — вдруг вскочил Брыков и, схватив шляпу, выбежал на улицу, торопливыми шагами направляясь к Виоле, весь поглощенный мыслью о том, что сегодня ему необходим приют, иначе он не напишет бумаги, упустит случай, и для него пропадет всякая надежда.

Виола встретила его радостным возгласом:

— Соскучился? Ну, вот и отлично! Посылай за вином и будем обедать!

— Постой! — сказал Семен Павлович. — Мне не до вина и не до обеда. Слушай! У меня к тебе просьба.

— Ну, какая?

Брыков задумался, как ей проще объяснить свое

положение, и начал рассказывать всю свою историю с самого начала. У чувствительной девушки выступили на глазах слезы.

— Бедняжка! Ах он, негодный! И она мучается! Вот удивительная история! — восклицала она то и дело, пока Брыков не окончил рассказа.

— Теперь вот что,— сказал он,— глупые люди считают меня каким-то выходцем из могилы и боятся держать у себя. У меня нет приюта. Дай мне и моему слуге помещение. Я заплачу!

— Ах, глупый! — воскликнула Виола.— Живи! Понятно, живи! Только...— и она запнулась,— вдруг к тебе невеста приедет, а я... такая!

— Милая! — сказал Брыков.— Да ты лучше всякой иной! Дай Бог тебе счастья!

— Ну, тогда отлично! У меня есть комната, а слуга... слуга будет на кухне. Теперь станем обедать! Посылай за вином!

— Будем обедать, а потом я привезу вещи и слугу, а там писать буду и завтра уеду!

— Помоги тебе Бог! — с чувством сказала Виола и прибавила: — Вот не знала, что есть такие гадкие люди!

— Всякие есть! — ответил Брыков, наскоро пообедал и поехал за своим Сидором.

— Ну, слава Господу! — радостно вздохнул старик, переехав в новое помещение.— Теперь не погонят!

— Не погонят, старичок! — смеясь сказала Виола.

— Я напишу Чулкову свой адрес, а то квартальные опять мучить станут,— сказал Семен Павлович.

— Уж три рубля положить надобно! — сказал Сидор, устраивая барину постель на диване и прибирая комнату.

Брыков сел писать прошение.

XXII

НЕУДАЧА

Государь задумал развлечься маневрами и для этого назначил взятие приступом крепости Мариенталь, находившейся в городе Павловске под управлением генерал-майора Пиппера.

Стояли прекрасные осенние дни, и государь со всем семейством выехал в Павловск накануне. В то же время из Гатчины потянулись его любимые войска. Император был весел, шутил со всеми и радостно посматривал вокруг. Его все радовало — и хороший день, обещавший хорошую погоду на следующее утро, и вид Павловска, устроенного им с огромным парком и искусственными сооружениями в нем. Вечером вокруг чайного стола во дворце собрались все близкие, и государь оживленно говорил:

— Не устоять против моих молодцов ни крепости, ни старому Пипперу! Да-с, мои офицеры — все боевого закала люди, не потемкинские неженки!

Раз попав на эту тему, он уже не мог умолкнуть, и в его словах уже начинало слышаться раздражение.

В это время в комнату вошел старик, граф Строганов. Он отвесил поклон и осторожно приблизился к столу. Государь на время прервал свою речь и обратился к графу:

— А ну, сударь, какова завтра погодка будет?

— Боюсь, ваше величество, что худая,— ответил граф,— подул западный ветер, небо в тучах.

Государь вдруг нахмурился и сердито ударил кулаком по столу. Внезапно наступило тяжелое молчание.

— Боюсь, сударь,— раздался резкий голос Павла,— что вам здешняя погода будет во вред. Советую вам сейчас же ехать в Петербург!

Граф, не зная, шутит или нет государь, растерянно взглянул на него.

— Вы поняли меня? — резко повторил Павел.

Граф покраснел, потом побледнел и, тотчас встав из-за стола, начал дрожащим голосом:

— Если мои слова, ваше величество...

— Мне не до ваших оправданий! Идите!

Строганов, согнувшись, вышел.

— Распорядись, чтобы лошадей ему не давали. Пусть с почты возьмет! — приказал государь адъютанту и мрачно нахмурился.— Всегда найдутся люди, которые рады испортить мне настроение,— сказал он через минуту с жалобой в голосе и встал.— Начало маневров в семь часов! — объявил он, уходя в свои покои.

Граф напророчил непогоду. Ночью пошел дождь и к утру превратился в ливень, сменяясь по временам хлопьями мокрого снега. Государь вышел на бельведер и мрачно огляделся. В сумерках утра слышались завывание ветра и шлепанье дождя, сырость пронизывала насквозь.

— Собачья погода! — проговорил Павел Петрович, а потом прибавил: — Но для солдата нет погоды. Коня!

В сопровождении Лопухина, своего бессменного адъютанта, и полковника Грузинова, он выехал к войскам и поздоровался с ними.

— Какова диспозиция? — спросил он.

— Вашему величеству угодно было приказать, чтобы крепость сдали ровно в двенадцать часов! — ответил адъютант.

— Ну, сдаст и раньше! Полковник, вы с двумя батальонами и двумя орудиями пойдете на восток и обойдете Славянку с того берега. Я пойду отсюда, и через час мы соединимся под крепостью!

Маневры начались.

Император сначала увлекся и, гарцуя на своем Помпоне, заставлял солдат идти церемониальным маршем, бежать, брать окопы, делать обходы. Но вода лилась и лилась, сырость пронизывала, погода удручала дух, и государь, скоро прекратив команду, поехал молча впереди отряда. Все шли мрачные, хмурые, и под шум дождя слышалось монотонное чавканье грязи под тысячами ног.

Часа через полтора показались очертания крепости.

— Который час? — резко спросил Павел.

— Девять, ваше величество!

— Грузинов подошел?

— Здесь! — подъезжая на коне, ответил Грузинов, за которым серою массою стояли промокшие солдаты.

Впереди виднелась маленькая крепость с поднятым вверх цепным мостом, с закрытыми воротами.

— Капитан! — приказал государь.— Поезжайте в крепость и прикажите тотчас сдать ее!

Адъютант поклонился и, вынув белый платок, поехал к крепости в сопровождении горниста.

Мост опустили, приоткрыли ворота, и адъютант скрылся. Государь приказал войскам выстроиться и оправился на лошади. Прошло десять минут, четверть часа. Мост опустили, ворота открылись, и адъютант вышел из крепости. Государь подал знак и тут же в изумлении закричал:

— Это что?

Ворота наглухо закрылись, и мост снова поднялся, скрипя на ржавых цепях.

— Что это значит? — гневно спросил император у адъютанта.

— Ваше величество,— смущенно ответил молодой капитан,— комендант говорит, что получил приказ сдать крепость в двенадцать часов, и ранее этого срока не сдаст ни на минуту!

Лицо Павла исказилось бешенством.

— Иди снова и скажи: я велел! Понимаешь: я!

В воздухе раздался унылый звук рожка, офицер замахал платком, и мост снова опустили.

Император гневно махал хлыстом.

— А! Еще новости! Я приказываю, а старик свое! Ну, ну! Кто кого!

Но немец Пиппер был строгий педант и твердо знал дисциплину, а еще тверже — характер государя. Сдай он ранее срока, и неизвестно, что из этого вышло бы, лучше пусть император посердится, но признает его поведение правильным. А потому адъютант снова вернулся с тем же ответом.

— Да он что? С ума сошел?— не своим голосом закричал Павел.— Хочет, чтобы я под дождем умер?

— Государь, мы прикроем вас! Мы здесь установим палатку.

— А вы? А солдаты?

Император соскочил с коня и бегал по грязи, осыпая проклятиями упрямого коменданта, но упрямство Пиппера не могла сломить даже воля государя. Крепость стояла безмолвная, неподвижная и словно издевалась над людьми, так беспощадно обливаемыми холодным осенним дождем.

Напрасно государю предлагали укрыться в наскоро поставленной палатке и согреться приготовленным чаем, он ничего не хотел слушать и только вскрикивал:

— Это он нарочно! Это — насмешка!

Бум! — ударила вестовая пушка, возвещая о двенадцати часах, в то же мгновение раскрылись ворота, опустился мост и показался старый генерал-майор Пиппер с подносом в руках, на котором лежали ключи от крепости. Государь быстро вскочил на лошадь и подъехал к нему.

— Не в силах сопротивляться более столь мужественному натиску,— произнес генерал склоняясь,— я сдаю крепость и свой гарнизон на милость победителя.

Эти слова показались Павлу насмешкой.

— Взять ключи! — приказал он адъютанту и обратился к Пипперу: — За ваше исключительное повиновение жалую вас, сударь, в генерал-лейтенанты.— Пиппер расцвел и, преклонив колено, хотел поцеловать руку государю, но тот резко отдернул ее и продолжал: — А за то, что вы своего государя без нужды продержали три часа на дожде, приказываю вам целый час просидеть на шлагбауме! Привяжите его и поднимите!

Все в изумлении переглянулись. Старый генерал отшатнулся и в смущении произнес:

— Я? Меня?

Лицо Павла все дергало судорогой.

— Тебя! — грубо ответил он и крикнул: — Ну, что же!

Четверо казаков подошли к генералу. Эта шутка не была новостью. Минута — и генерал сидел верхом на палке шлагбаума с завязанными внизу ногами; еще минута — и шлагбаум был поднят вверх.

Павел со злой усмешкой взглянул наверх. Генерал вдруг осунулся и весь лег на палку.

— Продержать час! — приказал Павел и, повернув коня, погнал его во весь дух.

Конь летел, далеко разбрасывая грязь из-под своих копыт, и вдруг испуганно шарахнулся в сторону. Павел едва усидел на коне и изумленно оглянулся. Посреди дороги коленами в грязи, мокрый и измазанный, стоял Брыков и протягивал бумагу государю.

— Болван! — закричал Павел, замахиваясь хлыстом, и промчался мимо него.

Семен Павлович отшатнулся. Ком грязи из-под копыт коня залепил ему все лицо, но он не чувствовал этого. Он понял только, что его постигла непоправимая неудача, что он теперь уже окончательно умер.

XXIII

ОТЧАЯНИЕ

Брыков вернулся домой сам не свой: бледный, растрепанный, грязный, едва держась на ногах от усталости и горя.

— Батюшка барин, что случилось? — тревожно спросил его Сидор, торопливо принимая от него шинель и шляпу.

— Оставь! — откликнулся Семен Павлович и прошел в свою комнату.

Старый Сидор присел к столу, зажал голову в руки и горько заплакал. Горничная Даша бросилась к Виоле, которая лежала еще в постели, и зашептала:

— Ой, барыня! С нашим гостем злоключилось что-то. Пришел такой скучный-скучный да грязный, что и узнать нельзя!..

Виола тотчас соскочила с кровати, накинула на себя капот и вбежала к Брыкову. Он лежал ничком на своей постели: его обутые ноги были до колен покрыты грязью.

— Семен Павлович, голубчик, что с тобой? — воскликнула Виола, кидаясь к нему. — Что с тобой?

— Оставь! — отмахнулся Брыков,

— Что случилось-то? Государя видел? А?

— Все пропало! — глухо ответил Семен Павлович.

— Как? Расскажи все по порядку! Ох, Господи! — снова воскликнула Виола: — Да можно ли так убиваться! Ведь ты жив и никто тебя не сделает мертвым!

— А вот сделали, и теперь я вновь мертвец! Я поехал в Павловск...— И Брыков рассказал все, что с ним произошло.— Не знаю, как я добрел до станции под дождем, по колена в грязи, не разбирая дороги,— окончил он.

У Виолы на глазах стояли слезы.

— Пойди снова к Грузинову! — сказала она.

— Пойду! Но что толку? Государь очень прогневался, и я удивлен, как меня не арестовали!

— Ах ты, бедный, бедный! — тихо сказала Виола.

Этого сожаления простой прелестницы Брыков не мог выдержать: он уткнулся в подушку и горько зарыдал. Виола выбежала из его комнаты и тоже расплакалась.

Брыков успокоился мало-помалу и заснул. Ему приснился странный сон. Будто лежит он в постели без сна. В комнате темно и кругом тихо, и вдруг в углу затеплился свет, разлился, засиял, и среди серебристого сияния появилась Маша, бледная, взволнованная. Она подошла к нему, торопливо взяла его за руку и потянула с постели. Он встал и пошел следом за ней. Они идут по улицам. Кругом темно, безмолвно и глухо, только воет ветер да плещется о набережную Фонтанка. Они идут без остановки мимо домиков, мимо огородов, через Екатерининский канал, к Мойке, и вдруг Маша торопливо толкает его за выступ забора и исчезает. Он изумленно оглядывается. Кругом темно и безмолвно. Но вот луна медленно выплыла из-за туч и осветила пустынную улицу. По ней идет какой-то человек в шляпе с плюмажем. Вдруг на него нападают двое, он кричит, отбивается. Что-то толкнуло Брыкова, и он, мгновенно выскочив из засады, бросается на помощь. Разбойники убегают. Господин что-то говорит ему, жмет руки, целует...

Брыков проснулся. В комнате стоял полумрак. Семен Павлович подумал о сне и невольно усмехнулся. Какие удивительные, неподходящие к делу вещи снятся иной раз! Что может значить такой сон? Чепуха!

— Сидор! — закричал он, вставая с постели.

Старик тотчас явился, и его лицо выражало беспредельную преданность: в огонь и воду.

— Проснулся, батюшка? — заговорил он, кланяясь барину. — Отдохнул? Ну, и слава Тебе, Господи! Покушать хочется?

— Да, Сидор! Есть, пить. А где хозяйка?

— Приехали за ней подруженьки ее и офицеры с ними и укатили. Надо полагать, на всю ноченьку.

— Ну, и один поем! Давай!

Сидор поспешно бросился исполнять приказание.

Брыков, отдохнув и выспавшись, чувствовал волчий голод здорового, сильного человека и ел с жадность и похлебку, и горячие котлеты, после чего напился кофе и закурил трубку. В его голове снова возникал план борьбы. Ведь люди — не звери и не безумцы. Ведь все происходящее с ним — нелепый сон, кошмар, козни злых людей, и ему надо только объяснить государю дело. Не удалось раз, удастся в другой! Сегодня он напишет письма: Маше с уверениями в любви, с просьбой надеяться, ждать и не падать духом; Ермолину — с просьбой о деньгах и со справками о своем братце. Завтра он снова пойдет к Грузинову, к Кутайсову и снова напишет прошение и станет ждать государя.

— Сидор! — закричал он. — Неси огонь и чернила!

Он уже приготовился писать письма, когда в сенях раздался сипловатый голос: "Барин-то дома?" — и вслед за тем в комнату ввалился Башилов.

— Здорово! — заговорил он, обнимая Брыкова. — Я к себе, а его уже нет, голубчика! Что? Как? Слышал, слышал! Живой мертвец! Ха-ха-ха! Я ему, каналье, уже морду побил! А ты ловко устроился! А! Женишок и у Виолы! Ха-ха-ха!

— Не говори глупостей! — остановил его Брыков. — Лучше расскажи о себе. Давно вышел?

— Вчера! Третьего дня указ был. Думали — на месяц закаталажат, а всего на одну неделю. Вру — десять дней! Потеха! Знаешь, кто нас выручил? И не догадаться! Ваксель, поручик! Шутник! Государь на постройку ехал, а Ваксель с караула шел да так ему лихо честь отдал, что тот похвалил его, а Ваксель и бухни: "Еще лучше сделал бы, коли в печали не был!" — "В какой печали?". А тот: "Товарищи мои на гауптвахте сидят и, боюсь, от службы отстанут". — "Кто такие?" Он нас и назвал. Государь уехал, и в тот же день указ!

Башилов засмеялся, а Брыков прояснел. Если государь таков, неужели же его дело погибнет?

— Не может быть этого! — сказал и Башилов. — Постой! Я вот тебя познакомлю с Вакселем. Он все может! Ты знаешь, как он государя за косу дернул? Потеха! Ха-ха-ха! Подержал он заклад, что дернет государя за косу в театре, когда дежурным будет. Понимаешь? Ну, и настало его дежурство. Стоит он у государя за креслом, а государь-то не в духе. Ваксель ломает себе голову, думает: "А ну, и заклад этот самый!". Вдруг видит он: Зиновьев смотрит на него и головой качает. Не вытерпел Ваксель, хвать государя за косу, дерг ее и обмер. Государь обернулся, сердитый такой. "Это, — говорит, — что?". А тот: "У вашего величества тупея на сторону сдвинулась!" — "А, — говорит государь, — спасибо!..". И пили мы потом! Страсть! Ты не бойся: Ваксель поможет! Такой фортель выкинет...

— Ах, если бы кто-либо помог! — И Брыков рассказал о своей неудаче.

— Бывает! — ответил Башилов. — Это в какую минуту

попадешь. Иной раз и в Сибирь укатишь! У нас офицеры, как во дворец зовут, деньги в сюртук зашивают... неровен час... А я за тобой! — вдруг встрепенулся Башилов. — Едем!

— Куда?

— У Зиновьева картеж. Тебя звали!

— Нет! Уволь! Ты попадешься — под арест, а со мною Бог знает что быть может.

— Эх, ты! Трус! Ну, так дай на счастье!

— Сколько тебе?

— Ну, дай... Дай, что ли, пятьдесят рублей.

Брыков открыл ларец и дал приятелю деньги. Башилов горячо расцеловал его.

— У здешних, питерских, в жизнь не взял бы! — сказал он и спохватился: — Ах, я! А ведь к тебе письма!

— Где? Давай скорее! — задрожав, произнес Брыков.

— А вот! — Башилов, опустил руку в карман, вытащил два объемистых пакета, после чего сказал: — Ну, читай, а я поеду! Я к тебе еще наведаюсь! — И он снова обнял Брыкова и вихрем умчался снова пытать счастье на зеленом поле.

Семен Павлович сел к столу, положил перед собой пакеты и долго не решался вскрыть их. Что в них? Понятно, горе! Но какое? Вдруг Маша уже замужем? При этой мысли кровь бросилась ему в голову, и он быстро вскрыл первый пакет. Развернув лист серой бумаги, он впился в него глазами и позабыл весь окружающий мир, свое горе и свое странное положение.

XXIV

ЧЕРНЫЕ ВЕСТИ

Первое письмо было от Маши, и мало радостного прочитал в нем Брыков.

"Неоцененный друг мой сердечный, — написала она, — горька моя доля, и не чаю я себе спасения, если Вы, сокол мой ясный, не будете мне защитником. Папенька — мне не папенька, а как злой ворог: каждый день меня мучает, грозит проклясть и заставляет идти за Дмитрия Власьевича, а я не могу и видеть его, и теперь все время только плачу и молюсь Богу, чтобы Он помог Вам в Вашем деле".

Брыков вытер набежавшие на глаза слезы и продолжал тяжелое чтение:

"Сейчас, как Вы уехали, папенька продали свой дом и переехали в усадьбу Вашу Брыково, где теперь Дмитрий Власьевич будто хозяин. Кричит он и мужиков бьет, а папенька мой у него за управителя, и все от того бранятся и плачут. Дмитрий Власьевич все ко мне пристает с разными презентами и сувенирами, а я те презенты и сувениры за окно бросаю, и он с того серчает и папеньке жалится; а папенька меня терзает, и я беспрестанно слезы лью. Что Вы там делаете и думаете ли обо мне? А я о Вас неустанно мысли имею. Папенька откуда-то дознались, что Вы в Петербург уехали, о том сказали Дмитрию Власьевичу. Он очень испугался и тотчас послал за подьячим Вороновым. Вы его, может, не знаете. Это — очень дурной человек, со свиным рылом и гнилыми зубами. Он приехал, и они долго спорили, а потом тот сказал, что отошлет в Петербург такую бумагу, по которой Вас сейчас схватят. За это ему Дмитрий Власьевич дал бричку старую и лошадь, а он ему руку целовал и клялся, что Вас со света сживет. А потому остерегайтесь очень, ибо Воронов хотя и приказный, но как-то к полиции очень близок и хитер очень. Пошли Вам Господи успеха в деле Вашем, а молюсь я о Вас неустанно. Верная Вам по гроб Маша".

Брыков вторично отер слезы и в грустном раздумье откинулся на спинку стула. Все против него! Двоюродный брат советуется с каким-то приказным и кует злые оковы. За что? За то, что позавидовал его деньгам и невесте. Тот самый Сергей Ипполитович, отец Маши, что, бывало, провожал его до середины улицы и кланялся ему в пояс, теперь весь передался на сторону злодея и мучает родную дочь. Где правда?

Семен Павлович вскрыл второе письмо и невольно улыбнулся, читая его: столько дружеского участия и любви было в нем. Писал Ермолин, передавая поклоны всех товарищей. Он рассказывал ему о мелких полковых событиях, спрашивал о его деле, о том, не надо ли ему денег, и выражал твердую надежду покутить на его свадьбе.

Прочитав это письмо, Брыков словно ожил, и прежняя надежда на успех дела вернулась к нему. Он взял лист бумаги и стал писать письма — сперва к Маше, потом к Ермолину. Ей он описывал свои злоключения, писал ей о своей любви и молил еще потерпеть немножко, потому что правда всегда верх возьмет.

"А коли тебе,— написал он,— не в мочь терпеть станет, беги к Ермолину. Я пишу ему о тебе, и он тебя не оставит, а схоронит у своей тетушки. Я же твердо надеюсь на милость царскую, только бы мне увидеть его в благожелательную минуту. А что до козней этого Воронова, то я плюю на него, ибо мне известны и сам Пален, и граф Кутайсов, и Грузинов, и меня в обиду никому не дадут..."

Семен Павлович писал нервно, торопливо, переживая и гнев, и ненависть, и любовь, и отчаяние, и надежду.

Была уже ночь, когда он окончил свое занятие и стал укладываться спать. Вдруг на улице раздались смех, голоса, фырканье коней, и через минуту сперва в сенях, а потом в горницах послышались громкие голоса:

— Игнат, сюда тащи и вино, и снедь! — крикнул один голос.

— Если ты не хочешь нашей смерти, Виола,— сказал другой,— топи печи!

— А карты будут?

— Все, все! Раздевайтесь, идите! — весело крикнула Виола.— У меня арестов не будет, сюда никто не заглядывает! Нинетта, Маша, занимайте гостей!

— А твой постоялец?

Брыков узнал голос Башилова и торопливо загасил свечу. Нет, сегодня уж ему не до веселой компании!..

— Эй, Семен! — раздался из-за двери голос Башилова.— Вставай! Мы тебя ради к Виоле приехали! О, сонуля! Еще одиннадцати нет, а он спит! Вставай, говорят тебе! — Но так как Семен Павлович замер, то Башилов, еще раза три стукнув кулаком, отошел от двери, ворча: — Ну, и черт с тобою!..

Брыков с облегчением вздохнул, осторожно разделся и лег в постель.

В комнатах стоял дым коромыслом: звенели деньги, хлопали пробки, раздавались поцелуи, и все это покрывалось смехом и криками пьяных гостей. Брыков заснул тяжелым, беспокойным сном, и во сне ему то и дело являлась Маша и протягивала к нему руки.

Еще было темно, когда Семен Павлович соскочил с постели и, выйдя в сени, приказал своему Сидору готовить завтрак. Он знал, что лучшее время в Петербурге для всяких хлопот — утро, что теперь, при императоре Павле, все служебные занятия начинаются в шесть часов и всех можно повидать на своих местах.

Виола спала, спали и ее горничная, и гости в разных позах и на разной мебели. Брыков заглянул в гостиную и увидел Башилова под ломберным столом. Он толкнул его и сказал:

— Капитан Башилов, служба не ждет!

Тот вдруг вскочил как встрепанный.

— А? Что? — пробормотал он.

— Пора на службу! — сказал ему Брыков.— Взгляни, на что ты похож!

Башилов очнулся и хлопнул себя по бедрам.

— О, черт! — воскликнул он.— Который час?

— Уже пять!

— Пять? А к шести на учение! — И Башилов как безумный выбежал из комнаты.

Семен Павлович только улыбнулся ему вслед.

Через полчаса и он шагал по темным, но уже оживленным движением улицам. Женщины пли с базара и на базар, разносчики шагали со своими лотками на головах, то тут, то там проходили колонны солдат и иногда, гремя колесами, мчался фельдъегерь.

Взошедшее солнце рассеяло осенний туман, когда Брыков вышел на площадь Зимнего дворца и направился по набережной к знакомому подъезду.

— Полковника Грузинова! — сказал он лакею.

— Пожалуйте! — И Брыков пошел за ним по той же лестнице, коридорам и огромным залам.

Грузинов заставил его дожидаться, а потом позвал в свой кабинет.

— Ну что, родной? — ласково сказал он.— Напортили все дело! Ну, да что делать! Случай, дурная погода, неудачные маневры — и вот вы в ответе! — Он покачал головой и горько улыбнулся.— У вас все случай! — окончил он.

— Что же мне теперь делать? — робко спросил Брыков.

— Все, что хотите, только не советуйтесь со мной! — резко ответил Грузинов и, увидев растерянное лицо Брыкова, прибавил: — Я в опале! Люди позавидовали моему положению и оклеветали меня. Государь хочет, чтобы я ехал в Малороссию, но я знаю: это — ссылка! Я слишком откровенен и честен, чтобы не стоять иным поперек дороги! — Он встал и нервно прошелся по комнате, потом остановился против Брыкова и сказал: — Попытайтесь проникнуть к Лопухиной. Это — добрая девушка и теперь может сделать все! А я...— Он поднял плечи, а так как Семен Павлович встал совершенно растерянный, то Грузинов крепко пожал ему руку и повторил: — Не поминайте лихом! Я сделал все, что мог!

Брыков с признательностью поклонился ему и вышел из дворца.

Да, каждый о себе! Вот и Грузинову, этому недавнему фавориту, теперь не сладко.

Он невольно оглянулся назад, словно надеясь увидеть Грузинова. Этот человек боялся ссылки, когда его ждала лютая казнь. Брыков год спустя узнал о страшной его судьбе и задрожал в ужасе.

Теперь Семен Павлович шел по улице без цели и незаметно вышел к Адмиралтейству. Обойдя его, он прошел на Сенатскую площадь и зашел в аглицкий трактир. Так же как и в первый раз, несмотря на раннее утро, там уже пили, курили и с азартом играли на бильярде.

XXV

ЧТО ПРОИСХОДИЛО БЕЗ БРЫКОВА

Когда Дмитрий Власьевич услышал от старика Федулова, что Семен Павлович уехал в Петербург, он действительно на время так смутился и растерялся, что забыл даже о своей любви к Маше. Мысль потерять только что приобретенное богатство и положение и из состоятельного помещика превратиться в отставного офицера без средств приводила его в ужас. Он вовсе не углублялся в вопрос о том, каким путем приобретено им все это, и ему уже казалось, что брат поднимает на него руку и посягает на его добро.

— Ах, негодяй этакий! — вскрикивал он, бегая по горнице.— С доносом поскакал. Что же, он думает, и правды нет? Что меня так и ограбить можно, как какого-нибудь тяглового мужичонку? Ну нет, шалишь! Я найду на тебя управу!

Федулов слушал его, качая головой, и на его старом, сморщенном лице скользила хитрая усмешка.

— Ну, ну! — отвечал он.— Правда-то, пожалуй, и на его стороне. Бухнет государю в ноги — и вся недолга: государь сделал его упокойником, он же и оживит. А вам что с него искать тогда? А? Прогонит — и все!

112

Дмитрий опомнился на другой день. Злоба сменилась у него трусостью. А что, если так и будет?.. Он тотчас же побежал к Федулову, которого поселил в полуверсте от себя, и спросил:

— Что же нам делать?

— Беспременно Воронова звать! — серьезно ответил Федулов.— Он может помочь, а больше ничего и не придумаю.

— Я прошлый раз прогнал его!

— Знаю, знаю! Ну а теперь позовите. Тогда его честные денежки отдать пожалели, теперь отдайте, да еще прибавьте что-нибудь. Он не гордый.

Дмитрий тотчас погнал человека за дошлым чиновником, и на другой день Воронов приехал в его усадьбу. Склонив неуклюжий стан, потирая руки и широко улыбаясь, он вкрадчиво заговорил:

— Честь имею кланяться, Дмитрий Власьевич! Чем могу служить-с? Изволите видеть, прискакал немедля, зла не памятуя!

— Садись! — кивнул головой Дмитрий.— Я прогнал тебя, так на том прости.

— Помилуйте! Хе-хе-хе! — весь сияя, ответил Воронов.— Не обидьте теперь.

— Не обижу и за прошлое заплачу. А теперь дело вот какое! — И Дмитрий рассказал о поездке брата и о своих опасениях.

Воронов слушал его, склонив на плечо голову и потирая красные руки.

— Так-с,— время от времени говорил он,— совершенно верно!..

— Вот ты и помоги!

— Трудное дело! — вздохнул Воронов.— Однако, если при старании, то можно. Все зависит...— И он выразительно умолк.

— От платы? Сколько?

— Да вот,— улыбаясь и щуря маленькие глазки, сказал Воронов,— ежели отдадите прежний должок, триста рублей, да еще двести положите, да ежели ко всему дадите лошадку да повозку, так как я жениться собираюсь, то уладим дельце! — И он, хихикая, поднялся со стула.

Жадность опять обуяла Дмитрия Брыкова, но он подавил свое волнение и спросил:

— Что же ты сделаешь?

— А это даже и не секрет! Есть у меня в Петербурге сродственник один; персона малая, но всюду вхожий и до всего близкий. Так я ему опишу: "Так, мол, и так. Есть у вас в Питере живой мертвец и самое главное, что беспокойный человек. Приехал до самого государя и в неистовом виде все сделать может". Его сейчас и заберут! Он, можно сказать, и света не увидит!

Лицо Дмитрия прояснилось.

— Верно! Ну, тогда орудуй! Бог уж с тобою!

Радостный Воронов потом часа три шептался с Федуловым и уехал из Брыкова в собственной кибитке.

"Нет,— думал он,— шалишь! Я — не дурак! Тогда ты меня вышиб, теперь сам плачься. Никаких таких писем я писать не буду!.."

А Дмитрий сразу успокоился. Несомненно, теперь его брату уже не разгуляться в Петербурге. Ха-ха-ха! Там не поцеремонятся! Ха-ха-ха! И он заливался злобным, радостным смехом.

Любовь снова заняла в его сердце прежнее место, и бедная Маша снова стала страдалицей.

— Я не выйду, я больна! — говорила она, когда внизу появлялся Дмитрий и отец посылал за нею.

— Эй, милая, не дури! — говорил старик, входя через минуту в ее светелку.— Я терплю до поры, доченька! — И при этом его тусклые глаза вдруг вспыхивали недобрым огнем.

Девушка смирялась и шла вниз, где ждал ее ненавистный поклонник...

— Марья Сергеевна! — говорил он, стараясь казаться мягким.— Когда же вы, наконец, взглянете на меня благосклонно?

Маша молчала, ломая пальцы в безмолвном отчаянии. Это отчаяние доходило до ужаса, когда отец вдруг вставал и оставлял ее одну в горнице с Дмитрием. Тот придвигался к ней, брал ее руки и говорил о своей любви задыхающимся от страсти шепотом. Она, бледнея, отодвигалась от него. Однако его страсть мало-помалу разгоралась, и ее упорство раздражало его.

— Вы все о нем думаете — я знаю, а все-таки моей будете! Я щажу вас и жду, что вы оцените мою любовь, но вы не хотите и слушать меня. Тогда я возьму вас силой. Одно слово — и нас повенчают хоть завтра!

Маша холодела.

— О! — смущенно шептала она.— Подождите немного. Может быть...

Он целовал ее руки и, задыхаясь, говорил о брате: — Ах, если бы он и правда умер!

"Я ушла бы в монастырь",— думала Маша, но не высказывала вслух своих мыслей.

— Долго еще кобениться будешь? — грубо спрашивал ее по временам отец.

Она умоляюще взглядывала на него и говорила:

— Подождите, папенька! Дайте свыкнуться! Ведь он терпит!

— До поры терпит, как и я! Ты думаешь, я позволю тебе дурь разводить? А? Чтобы он нас отсюда взашей погнал? А? То-то! Так брось ломаться!

— Немножко еще! — умоляла Маша и отдаляла страшный день то мнимой болезнью, то хитростью.

Кроме Марфы, вокруг нее не было никого, с кем она могла бы поделиться своими страданиями и слезами. Да и Марфа, сочувствуя ей по-своему, мало приносила ей утешения.

— Ну, и чего плачешь? — говорила она.— Все по Семену Павловичу. Да коли помер он!

— Няня, ведь это только по бумагам; он жив!

— Говорите! Слышь, по царскому указу! А ты знаешь: Бог на небе, а царь на земле. Значит, и есть твой Сенюшка упокойник, Царство ему небесное! — И старуха крестилась.

— Что ты! Что ты! — с ужасом восклицала несчастная девушка.

— А то! Недаром я седьмой десяток живу, тоже знаю. Говорят — помер, и верь, верь и не порти глаз своих! Что в слезах-то? Смотри, исхудала вся! Щепа-щепой! Право, ну!.. А ты лучше иди себе за Дмитрия Власьевича. Чего еще? Барин богатый, угодья всякие и тебя любит...

— Замолчи! — шептала Маша.— Ты не в уме. Это все не его; это ворованное, чужое! И я не люблю его...

— И-и, матушка, стерпится — слюбится! А лучше нешто, коли волоком поволокут?

Маша в ужасе закрывала лицо руками, падала на постель и плача говорила:

— Уйди от меня! Уйди!..

Она была совершенно одинока, и все ее утешение было в слезах и молитве. Она молила о чуде: отвратить от нее страшную любовь и вернуть к ней любимого.

А время шло, и требования отца становились все настойчивее.

Тогда Маша в отчаянии написала письмо Брыкову и переслала его к Ермолину тайком через верного Павла.

"Убегу, повешусь, но не отдамся этому злодею",— думала она, и это решение несколько успокоило ее.

А Дмитрий, потеряв надежду пробудить в ее сердце любовь, решил действовать напролом и грубо сказал Федулову:

— Вы уж постарайтесь уломать ее. Чтобы через месяц и свадьбу делать!

— Да хоть завтра,— ухмыляясь ответил старик,— ведь она так только, а сама рада-радешенька!

— Ну, теперь мне это все равно. Я говорю: через месяц.

116

XXVI

СОН В РУКУ

Погруженный в печальное раздумье, Семен Павлович сидел в аглицком трактире, безучастно смотря на игравших на бильярде, как вдруг услышал над собою оклик: "А, мой счастливый партнер!" — и увидел стройного офицера конного полка. Он вспомнил, что против него он играл так счастливо у Грекова, и радушно поздоровался с ним.

— Левитицкий! — назвал себя офицер.— А вы, кажется, Брыков и считаетесь умерш...

Семен Павлович рукой остановил его на полуслове и горько улыбнулся.

— Да, — ответил он,— считаюсь и, кажется, не выберусь из этого проклятого счета.

— Э, что вы горюете! Вам везет! Ну да, ну да!.. В карты обыграли. Виолу похитили и вдобавок ускользнули, а мы все, как куры в ощип!.. Ха-ха-ха! Кстати, вы обедали?

— Нет!

— Отлично, пообедаем вместе. Я вижу, вам необходимо рассеяться, и я развлеку вас. Петр,— крикнул Левитицкий лакею,— два обеда.— И заговорил снова: — Здесь отлично кормят и дешево. Посидим здесь, разопьем бутылочку и проедем с вами в манеж "Магия".

— Это еще что?

— Сюда всего на неделю приехал Петр Магия, замечательный ездок; он показывает такие экзерсиции. Чудеса!..

Брыков совершенно не знал, куда девать свое время, и согласился провести его с Левитицким.

— Будете довольны,— сказал офицер,— а потом, если захотите, к одной прелестнице поедем. У нее и карты...

— Ну, этого я не сделаю. Для меня это очень опасно. Ведь я хлопотать приехал, а не шалить.

— Ах, да! — припомнил офицер и прибавил: — А жаль!

Лакей подал обед, и они оба стали есть, на время прервав беседу. Голодному Брыкову показалось все очень вкусным; он похвалил, офицер кивнул в знак согласия и прибавил:

— При этом дешево! Государь следит решительно за всем и, узнав, что здесь обедают офицеры, пожелал узнать и цены. Обеды были по рублю, но он приказал давать их по полтине! Теперь выпьем?

Брыков позвал лакея потребовал шампанского. Левитицкий говорил без устали, и Семен Павлович был доволен этим: его собеседник не заставлял его даже отвечать и не мешал ему думать о своих неудачах.

— Я уверен, что ваше дело увенчается успехом! — говорил Левитицкий, переходя с одного предмета на другой.— Надо только повидать государя. Нет справедливее его человека. Могу вас уверить в этом! Недавно он разбранил у нас хорошего офицера; кричал на него, топал за то, что тот опоздал на учение, а потом спрашивает: почему? Тот говорит: "Матушка померла",— и заплакал. Так что же вышло? Государь у этого офицера сам прощения просил да еще отпуск и денег дал. "Ты бы,— говорит,— сразу так и сказал!" А то еще недавно: есть у нас один пьяница, а служака хороший. Напился он и шарф потерял, а государь видел. "Где шарф?" — говорит, а тот: "Была бы,— говорит,— голова на плечах да шпага, а офицера и без шарфа узнают!" Ну, скажите, с кем так можно было говорить? Нет, государь решит ваше дело! А вы не видели экзерсисов на лошади? Совсем? Удивительное искусство! Там девица одна, Эльза,— что она делает! — И Левитицкий поднял вверх руки.— Вы вот что, как дело выиграете, возьмите, да к нам в Питер! Право, у нас веселье! Вот скоро опера приедет. Опять фокусники в иной раз, всегда балаганы, горы, карусель!.. И женщины, карты...

— Я женюсь! — с улыбкой ответил Брыков.

— Тогда с женою! Однако, пора! Мы, знаете, с вами пешком для моциона! Идемте! Это, знаете, между Обуховским и Семеновским мостами. Близехонько! Ну-с!

Они расплатились и вышли. Сумерки уже сгущались, и

они осторожно стали пробираться через грязную площадь, а потом пошли по нынешней Гороховой улице к Семеновскому мосту.

— Да-с! — говорил Левитицкий, очевидно горячий приверженец государя.— Справедливее, лучше его трудно и найти! Правда, он горяч, но его и раздражают так часто! А как он прост с нами! Вы не бойтесь и прямо ловите его где-нибудь, просто за фалды!.. А вон и манеж! Видите, огни!..

Брыков взглянул и увидел невдалеке серое деревянное здание, на котором развевались флаги и у дверей которого горели разноцветные фонари. По улице к этому зданию катились экипажи и шли толпою разные люди.

— Мы возьмем места первого ряда,— сказал Левитицкий.— Все отлично видно и тут же рядом конюшни! Пойдем!

И они вошли.

Манеж занял Брыкова. В ярко освещенном зале, посреди которого находилась круглая, посыпанная песком арена, в креслах, в ложах и на скамейках сидели зрители. В ложах виднелось немало красивых женщин в декольте, в высоких прическах. В креслах сидели военные и статские. Левитицкий знал почти всех я говорил Брыкову:

— Вот Зубов-младший. Вот Орловы! Вот известная прелестница Аринушка. Была шуваловская, теперь Орлов держит!.. Тсс!.. Смотрите!

Заиграла музыка, и началось представление. Берейтор Петр Магия показывал действительно удивительные вещи, и все дружно хлопали ему. Иной и на полу не будет так ловок и увертлив, как Магия на спине скачущей лошади. Потом его сменила девица Эльза, тоже на лошади. Она прыгала через куски холста, через обручи, соскакивала наземь и снова впрыгивала на спину мчавшейся в галопе лошади. Ей хлопали, кричали "браво", а Аринушка кинула ей на арену вязаный кошелек с деньгами.

Представление окончилось. Петр Магия вышел на арену, поклонился, поблагодарил всех и объявил, что пробудет еще три дня и надеется, что почтенная публика не забудет его. Все двинулись к выходу.

— Ну, к прелестницам? — сказал Левитицкий.

— О, нет! Я домой! — ответил Брыков.

— Тогда прощайте!

Они пожали друг другу руки и разошлись в разные стороны. Брыков опустил голову и пошел, не разбирая дороги. Была уже ночь; чистое небо было усеяно звездами, месяц показал свой серебряный серп. Идти было легко и приятно. Легкий мороз сковал грязь.

Семен Павлович прошел с четверть часа и остановился, чтобы определить дорогу, огляделся и вздрогнул. Что за чудо? Он попал в местность, совершенно схожую с виденной им во сне. Вот и забор, выходящий углом, и те же домишки, и так же светит луна... Чу, голоса! Брыков так же, как и во сне, быстро прыгнул в сторону и стал за забором. Случайно раздавшиеся голоса смолкли, и кругом стало тихо. Семен Павлович хотел уже выйти, но услышал быстрые шаги по замерзшей земле; он выглянул и снова вздрогнул.

По улице, надвинув шляпу и завернувшись в шинель, шел господин. Брыков уже знал, что будет дальше, и приготовился к борьбе. И правда, все случилось, как предсказал ему вещий сон. Из-за угла вдруг выскочили двое и кинулись на путника, тот закричал и стал защищаться. Семен Павлович выскочил из засады и кинулся ему на помощь.

— Бейте одного! Я — другого! — закричал он.

Воры оставили господина и трусливо бросились бежать в разные стороны. Господин поспешно подошел к Брыкову и протянул ему руку.

— Благодарю вас! — сказал он.— Вы спасли мне жизнь! Позвольте узнать ваше имя!

Семен Павлович смутился и тихо ответил:

— Я — Брыков, но сейчас не имею имени, потому что считаюсь покойником.

— Как? — воскликнул прохожий.— Вы должны мне рассказать все! Я чувствую, у вас есть какая-то печаль, и — если я в силах,— клянусь, я помогу вам!

Брыков горячо пожал ему руку и вздохнул.

— Мне может помочь только государь!

— Ну, государя могут попросить...— сказал прохожий, улыбнувшись.— Расскажите же мне все и проводите до Фонтанной. Там я уже найду дорогу.

Брыков взглянул на него, увидел совсем молодое красивое лицо и, сразу почувствовав к нему доверие, стал рассказывать свою печальную историю. Они дошли до Фонтанной. Спасенный Брыковым остановился, пожал ему крепко руку и сказал:

— Мне очень жалко вас, и я помогу вам. За свое спасение я уже обязан употребить все свои силы, но теперь постараюсь вдвойне. Приходите ко мне завтра. Я живу на Миллионной. Моя фамилия Рибопьер!

XXVII

ФАВОРИТ ФАВОРИТКИ

— Рибопьер, граф Рибопьер! — воскликнула Виола.— Да кто же его не знает, не слыхал? Любимец государя и потешник у Лопухиной. Когда-то был на свете Пьер Рибо, французский выходец, а теперь Рибопьер и граф!

— Значит, он может быть мне полезен? — спросил Брыков.

— Если захочет!

— Но я спас его.

— Тогда иди к нему завтра же!

Надежда живым потоком влилась в сердце Семена Павловича. Старый Сидор тоже повеселел и сказал ему:

— Уж ежели вам пророческий сон был, значит, это дело от Бога. Иди, батюшка, к этому Рыбоперу, а я к Спасителю схожу — помолюсь!

Брыков лег в постель, но заснуть не мог от радостного предчувствия. Люди, измученные борьбой, охотно верят даже призраку надежды, а здесь более: ведь Рибопьер сам сказал: "Приходите! Я помогу".

На другой день он был у графа Рибопьера. Последний жил в трех комнатах с одною прислугою, и Брыков несколько разочаровался, думая, что увидит палаты вельможи; но это впечатление скоро изгладилось: молодой граф сумел очаровать его и внушить доверие.

— Я помогу вам! — повторял он с жаром.— Сегодня же я буду у Анны Петровны и все расскажу ей, а она уж так этого дела не оставит! Дайте только свой адрес!

Обрадованный, обнадеженный, Брыков пошел от него к Башилову совершенно успокоенный.

Рибопьер не преувеличивал своего значения. Оно было невелико, но вполне достаточно для дела Брыкова.

Молодой, красивый французский выходец, бойкий, веселый и остроумный, он был общим любимцем, а в последнее время, явно подружившись с Лопухиной, стал и влиятельным человеком, принимая на себя часть влияния царской фаворитки.

А она была в го время всесильна. Государь пленился ее жизненностью, ее красотою, девичьей невинностью и отдыхал у нее в салоне, совершенно забывая на время обо всех делах и дрязгах. Он был слишком рыцарь и добрый семьянин, чтобы сделать из этой прекрасной девушки любовницу {Саблуков в своих воспоминаниях утверждает, что до замужества Лопухиной ее отношения с Павлом Петровичем были самыми чистыми и только впоследствии, после ее выхода замуж за Гагарина, ее вновь толкнули в объятия ее венценосного обожателя, и тогда лишь началась эта связь. Павел Петрович, поселил свою возлюбленную в Розовом павильоне в г. Павловске.}, и, отдавая ее замуж за Гагарина, с царской гордостью сказал:

— Отдаю ее тебе такою же чистой, какой я ее встретил!

Но все же Лопухина имела власть над его сердцем и, к чести ее, никогда не злоупотребляла ею. Разве для матери, которая через дочь постоянво выпрашивала награды своим адъютантам.

— Матушка, да мне совестно, наконец, беспокоить государя, — с отчаянием возражала иногда Анна Петровна на ее просьбу, но мать тотчас падала на софу в истерике, и дочь смирялась.

Каждый вечер государь приезжал к ней на чашку чая. В зале за круглым столом, у чайного сервиза, садилась она, напротив нее Павел, здесь же находились ее мамаша и два-три близких человека, и Павел, чувствуя себя, как добрый буржуа, весело болтая по-семейному, выпивал одну-две чашки чая. Это была идиллия после суровой военной службы, поэзия среди скучной прозы правления. Государь смотрел на прекрасное лицо Лопухиной, слушал ее гармоничный голос, смех и забывался.

— Вы делаете меня счастливым! — говорил он ей иногда, на что она стыдливо потуплялась и делала глубокий реверанс.

Иногда он приезжал к ней обозленный, мрачный и начинал горько сетовать на всех окружающих. Они нарочно делают его глупым, тираном, каким-то чудовищем! Они нарочно искажают его приказания и возбуждают общее недовольство.

Анна Петровна улыбалась и нежным голосом старалась успокоить монарха, часто обращая провинность иного в шутку. И государь, как некогда Нелидовой, говорил ей: "Вы — мой добрый гений!" — и целовал ее руку.

Анне Петровне поневоле, в силу положения, пришлось стать ходатаем и заступницей за многих, и она никогда не тяготилась этим. С утра ее осаждали просители и просительницы. Иных посылали к ней даже могущественные Кутайсов и Обрезков, и она никогда не утомлялась выслушивать всех, вникая в просьбу каждого, а потом передавала все просьбы императору.

— Вы — мой камер-секретарь, — говорил он шутя, — ну, решайте сами, кто чего стоит!

Случалось, Лопухина, ища развлечений, устраивала у себя вечеринки. Молодежь танцевала, играла в фанты, и государь

123

любил издали следить за оживлением своей любимицы. Ее лицо розовело, глаза сверкали, пышные уста улыбались, и она казалась олицетворением молодости, здоровья и красоты. Государь любовался ею, и как сердце Саула смягчала игра Давида, так его сердце смягчалось при виде этой девушки.

Да, уже одно отношение его к Лопухиной характеризовало натуру Павла Петровича как высоко поэтическую и нежную. Таким он и был в действительности: нежным, великодушным, впечатлительным; но его ужасная молодость среди постоянного страха, его юность и зрелость среди унижений сделали его подозрительным и необузданным в гневе. С твердыми нравственными принципами, с суровым пониманием долга, Павел был страшен для изнеженных вельмож Екатерины, и клевета очернила его память. Он умер непонятым, и по сие время его личность окружена таинственностью. Но мало-помалу истина выступает наружу, и потомству все симпатичнее и милее делается образ императора Павла.

Граф Рибопьер надел зеленый камзол, выпустил брыжжи и, прикрыв свои красивые волосы напудренным париком, явился к Лопухиной, едва часовая стрелка показала пять часов вечера. Он обычно входил без доклада и застал Анну Петровну за пяльцами. Она подняла голову и, ласково улыбнувшись ему, весело сказала:

— А, мой паж! Что нового?

— Нового? — шутливо ответил граф, целуя ее руки. — Я сам!

— Как это?

— Я вчера чуть не был убит разбойниками!

— Ах! Maman! — закричала Анна Петровна. — Идите сюда. Нашего Пьера чуть вчера не убили!

— Как это, батюшка? — выплывая из ближней комнаты, пропела сама Лопухина, высокая, красивая женщина лет сорока пяти, тщательно скрывавшая свой возраст и молодившаяся.

Граф поспешно поцеловал ее руки и начал свой рассказ:

— Извольте видеть: возвращался я вчера ввечеру от

Григория Орлова и шел ни о чем не думая... И вдруг меня схватывают сзади чьи-то руки. Я оглянулся. Двое!..— И граф очень живо передал свою борьбу, отчаяние и, наконец, спасение.— И знаете, кто спас меня? — спросил он.

— Ну, кто же его знает? — ответила Лопухина.— Хожалый, что ли?

— Нет! А вы как думаете, кто?

— Ноги? — улыбнулась Анна Петровна.

— И тоже нет! — Граф сделал паузу и ответил: — Живой мертвец!

Лопухина-мать даже отшатнулась.

— С нами крестная сила! — воскликнула она.— Упырь! Зачем вы нас пугаете?

— Это — сущая правда! — улыбнулся Рибопьер.— Вы послушайте, какая история!

XXVIII

ОПАЛА

То, что рассказал Рибопьер, действительно изумило обеих женщин.

— Ах, как это забавно! — воскликнула Анна Петровна, однако граф грустно покачал головой и заметил:

— Это ужасно грустно!

— Почему грустно?

— Помилуйте! Мой спаситель живой, а числится мертвецом. У него было имущество — его отобрал брат, якобы по наследству; у него невеста, и ни один священник не венчает его. Наконец, он не может нигде жить! — И граф с жаром передал свою беседу с несчастным Брыковым.

На лице Анны Петровны выразилось сострадание.

— Бедный! — сказала она.

— Да! — подтвердил граф и окончил: — Я дал ему слово, что буду просить вас за него. Вы сумеете заступиться за него!

— Хорошо! Я скажу про него государю! Где он живет?

Граф приник к руке Лопухиной и потом подал ей записку с его адресом.

— Хорошо! — повторила она, пряча записку за корсаж.— Жизнь за жизнь!

Граф благодарно взглянул на нее.

В маленький зал стали собираться гости. В этот день Анна Петровна устраивала вечеринку запросто. Приехала графиня Кутайсова с дочерью и с ними граф Зубов, приехали братья Орловы, графиня Ростопчина, дочери Палена и Обрезкова, и скоро комнаты наполнились блестящими гостями. Сам Лопухин, почтенный сенатор, повел гостей в свои апартаменты играть в бостон, многие дамы сели играть в лото, а молодежь, с Анной Петровной во главе, начала танцы.

Бал был в разгаре, когда приехал государь. Он не любил смущать веселье своей любимицы и, по установленному обычаю, тихо прошел через полуосвещенный коридор, спальню и будуар в крошечный кабинет Анны Петровны. Отсюда были видны зал и танцующие. Государь сел в глубокое кресло, раздвинул портьеру и стал смотреть на оживленные танцы.

Танцевали вальс. Под ритмические звуки музыки пары проносились одна за другою, кружась, крепко прижавшись друг к другу. Оголенные плечи красавиц сверкали в воздухе. Государь видел разгоряченные лица, полуоткрытые уста, горящие взоры и... вдруг нахмурился и вздрогнул. Его взор устремился к Лопухиной. Она танцевала с молодым Рибопьером и, по-видимому, отдавалась танцу со всем увлечением. Что-то вакхическое было в ее лице, грудь дышала прерывисто. Ловкий Рибопьер обнял ее, и они кружились, что-то шепча друг другу.

"Мерзость!" — мелькнуло в уме государя, и ему вдруг стал омерзителен этот танец вальс, как пляска вакханок, все движения показались ему полными вожделения и страсти; он с отвращением наморщился и обернулся.

В дверях недвижно стоял ординарец. — — Самого и Обрезкова! — тихо сказал государь, резко вставая со стула, и быстро пошел по коридору к дверям.

Весь красный, пыхтя от торопливого шага и волнения, к нему подбежал Лопухин и почтительно поцеловал его плечо.

— Сейчас прекрати этот омерзительный танец! — сказал император, в то время как ему накидывали на плечи шинель.— Ты здесь? — сказал он Обрезкову.— Со мной! — Он сел в коляску и некоторое время ехал молча. Потом отрывисто заговорил: — Я не видал омерзительнее танца, нежели вальс! Запрети его тотчас моим указом. Он развращает людей своей гадостью.

— Слушаю-с!

— Еще вот что: граф Рибопьер совсем исповесничался. Пора ему остепениться. Скажи, что я посылаю его в Вену; пусть побудет там при посольстве.

— Слушаю-с!

— Чтобы выехать нынче же! Вернется с бала и пусть едет. Бумагу выправь завтра и послать ему вдогонку!

— Слушаю-с!

— Омерзительный танец! — время от времени повторял Павел и вздрагивал.

Пары вихрем кружились по залу и вдруг остановились. Музыка внезапно смолкла. Анна Петровна, не снимая руки с плеча Рибопьера, сердито взглянула на хоры, дирижер замахал платком, но музыка по-прежнему безмолвствовала. В то же время, пыхтя и торопливо пробираясь между гостями, Лопухин подошел к своей дочери и что-то тревожно зашептал ей на ухо. Она вдруг побледнела.

"Государь",— донеслось до окружавших Лопухину, и какая-то тревога охватила всех разом.

— Государь был в гневе и уехал! — шепотом передавали из уст в уста.

— Вероятно, конец этой выскочке! — злорадно шептали

дамы, и гости вдруг, словно боясь заразы, торопливо стали откланиваться.

Анна Петровна чувствовала, что пронеслась какая-то гроза, что что-то нависло над нею, и растерялась. Льстивое, подобострастное обращение сменилось у многих наглостью.

— Прощайте, милая! — величественно сказала ей Ростопчина, но Анна Петровна уже оправилась и гордо приняла брошеный вызов.

— Прощайте, голубушка! — ответила она, отчего Ростопчина побледнела даже сквозь румяна.

Гости разъехались.

Граф Рибопьер шел домой, завернувшись в плащ, и с болью в сердце думал об Анне Петровне. Бедная девушка! Несомненно, она навлекла на себя гнев государя, но чем? Хорошо, если налетевшая гроза минует ее, но если продолжится гнев, что ей делать?..

Он подошел к своему дому и с удивлением поднял голову. У ворот стояла фельдъегерская тройка, заложенная в легкую кибитку.

"Кто бы это приехал?" — подумал он, подходя к дверям.

Но едва он вошел в прихожую, как невольный страх сжал его сердце. Навстречу ему поднялся Чулков.

— Вы ждали меня? Что надо? — спросил граф.

— По приказу его величества — сказано, дабы немедленно препроводить вас из города для следования в Вену!

— Меня? В Вену? Зачем?

— Не могу знать! Инструкцию и назначение вы получите в дороге, а теперь приказано только исполнить!..

— Но как же это? — растерялся Рибопьер. — Сейчас и за границу! Я устал! Я должен собраться... хоть переодеться!

— Велено немедля! — уже сурово сказал Чулков. — Впрочем, отдайте приказ слуге. Он вас нагонит!

Рибопьер упал на стул и схватился за голову. За что? Что он такого сделал? Он исегда любил своего государя! Чулков лишь развел руками и приказал торопиться со сборами.

XXIX

ЛОЖНАЯ ТРЕВОГА

Лопухины не спали всю ночь. И сама Анна Петровна, и ее отец, и мать, собравшись в будуаре, со страхом думали о том, чем могли навлечь царский гнев. Лопухин в мундире, шитом золотом, ходил по комнате и говорил:

— Я даже не знал, что государь приехал. Вдруг зовут! Я к нему, а он уже у самой лестницы. Сказал только про танец и был таков. Обрезкова с собой взял, не могли даже игру окончить!..

— Ах! — остановила его жена. — Ты все с пустяками. — Она с видом отчаяния лежала на софе и прикладывала к глазам платок, не обращая внимания на румяна и пудру, которые размазала по всему лицу. — Лучше подумать, чем он разгневан? Что с нами будет?.. Ты с кем танцевала этот несчастный танец? — спросила она у дочери.

— С Пьером, — ответила Анна Петровна, поднимая склоненную голову, причем ее лицо было бледно, брови сжаты. — Он приревновал меня. Я знаю! — продолжала она и вдруг вспыхнула. — Да, знаю и очень рада. Пусть я буду лучше в немилости, пусть государь сошлет меня, выдаст замуж — все это лучше, чем слыть за любовницу. Позор! Вон Головкина мне даже не кланяется! А Нарышкина? Я рада, рада, рада!

Мать только всплеснула руками, а отец подпрыгнул к дочери, сжав кулаки.

— Дура, дура и дура! — прошипел он. — А ко всему и неблагодарная тварь! Что тогда с нами будет? Со мной, с твоим братом?

— Со мной? — простонала мать.

— Ну, с вами-то то же! — отмахнулся Лопухин и продолжал: — Одумайся и пожалей нас! Эту беду, если она из-за Рибопьера, легко поправить. Завтра запрещу принимать его, ты при государе отзовись о нем похуже, и все.

— Никогда! — пылко вскрикнула Анна.

— Ты что же, влюблена в него?

— Нет, но он нравится мне. Он веселый, добрый. Кому он вреден?

— Нам! — истерически завопила мать.

— Воды! — вскрикнул отец, мечась по комнате.

Анна Петровна схватилась руками за голову и прошла в спальню.

Рано утром в комнату ворвался ее брат, Алексей, статный, красивый конногвардеец, флигель-адъютант государя. Он открыто жил за счет сестры и своих богатых любовниц, мотал деньги, кутил, играл в карты, и год беспорядочной жизни уже наложил печать на его молодое лицо.

— Рибопьера выслали! — объявил он входя. — Вот новость!

Лопухин схватился за голову.

— Началось! — глухо сказал он.

— Что? — не понял сын.

— Ты еще ж: знаешь? — И отец трагически рассказал все происшедшее накануне.

— Мы пропали! — малодушно вскрикнул сын, как и он, схватившись за голову, и стал бранить сестру: — Она никогда о нас не думала! Мы ей как чужие! Дрянь, а не сестра!

— Пошел вон из моей половины! — закричала из своей спальни Анна Петровна.

Она слышала разговор, и ее сердце сжалось тоскою.

Бедный юноша! За что он должен пострадать?..

По всему городу разнеслась весть о внезапной опале Лопухиных. Еще вчера у подъезда их дома вереницею стояли экипажи знати, приезжавшей каждое утро на поклон ко всесильной Анне Петровне, а сегодня не стояло даже гитары случайно заехавшего извозчика. Швейцар надел ливрею, взял в руки булаву и с недоумением оглядывался по сторонам, не видя обычных визитеров.

В томительной тревоге прошел целый день. Анна Петровна не выходила из спальни и, лежа в кровати, думала, как поступит с нею государь в своем гневе. Ее мучила больше неизвестность, нежели опала. Вдруг в спальню поспешно вошла ее камеристка и испуганно сказала:

— Барышня, государь!

Анна Петровна тотчас встала с кровати, наскоро поправила свой туалет, вышла из спальни и в будуаре увидела императора, который, не найдя по обычаю чайного прибора и хозяйки, прошел на ее половину.

— Государь! — растерянно произнесла девушка.

— Ваш поклонник! — ответил он, целуя ее руку.— Что с вами? Вы бледны? Расстроены?

— Все говорят, что я впала в немилость,— скорбно улыбнувшись, но смело ответила она.

Государь вздрогнул и нахмурился.

— Все? Кто все? Почему говорят это?

— Такие вести разносятся ветром. Вы вчера уехали, даже не повидав меня. Это было явной немилостью!

— Я был расстроен! Кому было истолковывать мои поступки?

— Люди завидуют мне и злобствуют.

— Назовите мне ваших недругов, и они тотчас узнают, что значит обидеть вас!

— О, у меня их нет! Но, говорят, вы преследуете моих друзей... Говорят, Рибопьер выслан. Куда? За что?

— А он вам очень дорог?

В тоне императора звучала угроза. Анна Петровна приняла беспечный вид и спокойно ответила:

— Он забавен и хорошо танцует.

— А! — лицо государя прояснилось.— Ну, так я вас утешу. Он выслан мною, но выслан... в Вену. Я — его дядька, я за ним слежу и думаю: пора ему остепениться. Пробудет он там год, два, вернется, тогда выходите за него замуж!

— Нет! — засмеялась Анна Петровна.— Он — не мой идеал! Я за такого, за танцора, не хотела бы выйти.

Павел сразу повеселел и кивнул ей головой.

— Что же, будете поить меня чаем? — спросил он.

— Буду! Но послезавтра я назначу вечер, и вы удостоите меня посещением.

— Буду смотреть на вас и хлопать в ладоши,— шутливо ответил он и, увидев на столе брошенные после бала перчатки, быстро взял одну из них и весело прибавил: — Вот решение вопроса: архитектор спрашивает, в какой цвет красить Михайловский дворец. Вот ему и ответ! Я пошлю перчатку.

Лицо Анны Петровны озарилось улыбкой. Очевидно, о немилости не было и речи.

— Прошу, государь,— сказала она,— чай может остыть.

Павел Петрович весело прошел за ней в гостиную, где перед ним почтительно склонились все Лопухины.

— Это ты дочь напугал? — шутливо спросил государь у Лопухина, садясь к столу.

— Ваше величество были так немилостивы вчера!

— Глупости! Я вчера просто был расстроен... Ну, мой секретарь,— шутливо обратился император к Анне Петровне: — А какие у нас есть дела?

Анна Петровна вспомнила просьбу Рибопьера и шутливо ответила:

— Дело о воскрешении из мертвых. Надо одного покойника вернуть к жизни!

— Я не Бог! — ответил Павел.

— Но вы — император! — сказала Анна Петровна.— И в вашей власти вернуть его к жизни.

— Осужденный?

— Хуже! — И Анна Петровна сжато и образно рассказала все злоключения Брыкова до последнего дня.

Павел Петрович слушал ее и кивал головой. Она окончила, и он сказал:

— Теперь помню! Я был введен в заблуждение его братом из того же полка. Он подал в отставку... Это — негодный-то! Так, и этого помню. Он, дурак, в Павловске моего Помпона напугал! Хорошо, мы воскресим его! Скажите вашему брату его адрес и прикажите представить его завтра ко мне!

— Вы совершите чудо! — радостно воскликнула Анна Петровна.

Государь улыбнулся.

Весть о прежних милостях к Лопухиной в ту же ночь

облетела весь город, и многие кляли себя, что не явились с визитом к всесильной фаворитке. На другое утро швейцар еще не надел своей ливреи, а длинная вереница экипажей уже тянулась к подъезду Лопухиных.

XXX

НА МИЛОСТЬ ОБРАЗЦА НЕТ

Семен Павлович Брыков вскочил с постели как ужаленный, и сидел на кровати, не будучи в силах сразу собраться с мыслями. Было еще темно. Разбудивший его Сидор стоял, держа в руках шандал с оплывшей сальной свечкой, и в дверях комнаты находился офицер, который довольно грубым тоном сказал:

— Вы — Брыков или нет? Что, у вас язык присох, что ли?

— Я! — ответил наконец Брыков.

— Ну, так вас государь приказал к нему во дворец доставить! Пожалуйста, поспешите!

Всевозможные ужасы мелькнули в голове Брыкова. Он слышал, как многие из дворца прямо отправлялись в далекую Сибирь, и холодный пот выступил у него на лице.

— Ах, да собирайтесь, черт возьми! — нетерпеливо закричал офицер. — Я ведь не о двух головах!

— Но что со мной будет? — растерянно спросил Брыков.

Офицер пожал плечами и не ответил. Брыков при помощи Сидора оделся.

— Я готов!

— Тогда едем!

Сидор прижался губами к плечу своего барина и потом прошептал:

— Батюшка барин! Коли что будет, и я за тобою!

— Коли что случится,— сказал Брыков, порывисто обняв его,— иди на Москву и скажи Маше: пусть не ждет!

Они вышли. У ворот стояла повозка, в которую офицер пригласил Семена Павловича выразительным жестом, и, когда они уселись, кучер погнал сытую лошадь.

Офицер, видимо, расположенный к Брыкову, заговорил:

— Вы вот спрашивали меня, что с вами будет? А я почему знать могу! Я — дежурный: сижу и жду! Иной раз вынесут бумагу и говорят: "В Берлин!". Скачешь сломя голову и даже не знаешь, где Берлин этот. "Привезти такого-то!" — и едешь, и привозишь, иной раз для милостей, а иной раз, случается, его же и в Сибирь везешь. Наше дело такое! Слава Богу, мне еще не доводилось, а другим прочим и не раз...

Брыков жадно слушал его, и в его голове роем кружились мысли о том, ради чего вызвал его государь: может — и на радость, может — и на горе; на радость, если этот Рибопьер не наврал да просил о нем; на горе, если братец с этим Вороновым что-либо сюда, в Петербург, наплели. Что ж? Он теперь беззащитен, как ребенок малый. И, колеблясь между надеждой и отчаянием, он то улыбался, то хмурился, в то время как повозка дребезжала колесами, прыгала по неровной мостовой.

— Стой! — закричал офицер.— К подъезду!

Они подъехали ко дворцу и вышли на подъезд со стороны бокового фасада.

— Сюда! — указал офицер, провожая Брыкова.

Они прошли по длинному коридору и вошли в маленькую комнатку, где на кожаном диване сидел дежурный фельдъегерь.

— Подождите тут! — сказал Семену Павловичу провожатый и вышел.

Сердце у Брыкова замерло.

Послышался звон шпор, и в комнату вошел блестящий офицер.

— Вы и есть Брыков? — снросил он. Семен Павлович поклонился.

— Тот самый?

Брыков понял вопрос и поклонился снова.

— Проведите их в общую приемную к выходу! — сказал офицер и прибавил Брыкову: — Вас государь видеть хочет!

Офицер ушел, а фельдъегерь вновь повел Семена Павловича через коридоры и комнаты, и все эти хождения мучили Брыкова своей неизвестностью.

Наконец его ввели в огромный зал и оставили среди массы всякого народа. Здесь были и генералы, и командующие отдельными частями, и придворные в расшитых золотом мундирах. Все чинно стояли, ожидая выхода государя. Брыков в своем темном камзоле чувствовал себя совершенным ничтожеством среди этой знати и осторожно стал позади всех у огромной голландской печи. Почти никто не заметил его появления, и он смотрел на всех, стараясь по лицам увидеть, кто чего ожидает. Но, судя по лицам, все ожидали чего-то неприятного, даже страшного, так напряженно было их выражение. Только часовые, стоявшие у дверей в царские покои, недвижные, как изваяния, сохраняли невозмутимо спокойные лица.

Вдруг двери распахнулись, и в них показался государь. Среднего роста, в темно-зеленом камзоле с двумя звездами, в напудренном парике, он был одет скромнее всех окружающих, которые в этот миг склонили свои головы. Он быстрыми шагами вошел в зал в сопровождении наследника, фон Палена, Кутайсова, Обрезкова и флигель-адъютанта и остановился подле генерала, стоявшего с краю.

Брыкову не слышно было их разговора, но он видел милостиво улыбавшееся лицо Павла, которое, несмотря на вздернутый нос и широкий рот, в эту минуту было полно привлекательности.

Голос императора раздавался все ближе и ближе к Брыкову. Семен Павлович видел блеск его голубых глаз и замер, почти лишившись чувств. Вдруг над ним раздался голос Павла, и он сразу пришел в себя и вытянулся по-военному. Государю это явно понравилось. Он улыбнулся.

— А, это вы, сударь? — произнес он.— Живой мертвец, что смущаете живых! Давно вы в покойниках?

135

— С апреля месяца, ваше величество!

— И не обратились ко мне? Не искали меня? Не писали? Стыдно! Государь может делать ошибки, но всегда спешит исправить их! Стыдно! Вы были в каком чине?

— Поручиком Нижегородского драгунского полка.

— Ну, возвращайтесь туда капитаном!

Брыков с благодарностью опустился на колени.

— Встаньте! — сказал государь.— Я слышал, что вам много вредил ваш брат?

— Отнял имущество, невесту...

— Ну, это вам вернется! Я прикажу, чтобы вам повиновались исправник и заседатель. Чините сами суд над своими недругами, а мне служите!

— Живота не пожалею! — искренним порывом вырвалось у Брыкова.— Вы дали мне жизнь!

— Спасибо, майор! — улыбаясь сказал Павел.— Я прикажу вам дать батальон! С Богом!

Семен Павлович стремительно повернулся, забыв даже поклониться государю.

Лицо Павла нахмурилось.

— Невежа! — сказал он резко и, обернувшись к адъютанту, прибавил: — Догони его и, что я велел ему подать в отставку. Майор в отставке.

Адъютант устремился за Брыковым и, нагнав его в подъезде, передал последнее приказание Павла.

Брыков сначала побледнел, но потом его лицо озарилось радостью.

— Большей милости нельзя и ждать было! — радостно воскликнул он.

XXXI

ПРОВОДЫ

— Ура! Победа! Жив! — радостно закричал Брыков, вбегая в гостиную Виолы.

Был еще ранний час, и молодая прелестница только что встала с постели. Она выбежала из спальни в распашном капоте и ухватив Брыкова за борт камзола, спросила:

— Что случилось? Дуня говорила, что тебя к царю увезли. Я так напугалась! Ну, что же вышло?

— Все! Полная удача! — И Брыков торопливо рассказал все происшедшее с ним.

Виола запрыгала и захлопала в ладоши.

— Как твоя невеста обрадуется! — были первые ее слова. Брыкова тронула ее неподдельная радость.

— Милая Виола, — сказал он, беря ее руку, — ты оказала мне самое дружеское участке. В первый день ты спасла меня от беды. Когда мне некуда было деться, ты приютила меня. Чем я отблагодарю тебя?

Виола дружески взглянула на него, и ее лицо стало серьезно.

— Чем? вспоминай обо мне, как о девушке, а не как о прелестнице, — тихо сказала она, — поклонись от меня твоей невесте и... и все!

— Нет, — горячо ответил ей Брыков. — Сделай, как я скажу. Брось здесь все это и уезжай со мной. Я дам тебе домик, земли, слуг, и ты будешь всегда вместе с нами.

Она покачала головой.

— Нет, я привыкла к этому шуму. Может быть, потом, под старость... а теперь...— И она по-прежнему тряхнула ухарски головой.— Задай на прощание пир! Зови всех, кого знаешь, а я позову своих подруг, и мы проводим тебя!

— Хорошо! — весело согласился Брыков, и они разошлись до вечера.

Семен Павлович тотчас отдал приказ Сидору собираться.

— Чтобы в утро и выехать! — сказал он.— Поедем вместе к Башилову, и ты возьми оттуда коляску, а потом собирай вещи!

— Мигом, батюшка! — оживился Сидор.— Глазом не моргнешь! Уж так-то ли я рад, так-то ли я рад!

— Чему?

— А всему, батюшка: и что твое дело государь порешил, и что братца твоего покараешь, и что из города этого едем!

— А что? Не понравился?

— И-и, чисто басурманский город! Только и святости, что Спаситель.

— Ну, едем! — И Брыков, взяв извозчика, покатил к Башилову.

Последний только что вернулся с учения и жадно поглощал обед, состоявший из овсяной похлебки.

— А! Друг! — закричал он, увидев Брыкова.— Пошли-ка за "ерофеичем"! Вчера вдребезги продулся! Что ты радостный такой?

— В Москву уезжаю! Государь вернул мне жизнь!

— Ура! — заорал Башилов, бросаясь ему на шею.— Я, брат, говорил тебе! У нас государь — во-о! — И он поднял вверх палец.— Посылай тогда еще за шампанским.

— Можно! — сказал Семен Павлович, вынимая кошелек.

— Ивашка! — закричал Башилов и, когда денщик выскочил из-за перегородки, начал распоряжаться: — Вот пойдешь и купишь...

— И потом,— прибавил от себя Брыков,— помоги моему Сидору снарядить коляску!

Ивашка вопросительно взглянул на своего барина.

— Лети в лавки! — крикнул на него Башилов и, когда Ивашка действительно вылетел, сказал Брыкову с виноватой улыбкой: — Коляски-то, Сеня, нет!

— Нет? Где же она?

— Продал,— ответил Башилов и стал оправдываться: — Видишь ли, тут в Саратов Фирсов ехал, увидел коляску и говорит: "Твоя коляска?" Я и бухни: "Моя!" А потом уж совестно отречься, он и уговорил продать! Да ты не беспокойся,—

138

поспешно добавил он, — я тебе за нее все выплачу. Вот отыграюсь и тебе сейчас же!

— Брось! — остановил его Брыков. — Это пустое! А отыгрываться приходи сегодня к Виоле. Я там отвальную делаю: да зови всех, кого захочешь, из приятелей!

— Друг! — закричал Башилов, обнимая и тиская Брыкова. — Вот спасибо! Вот обрадовал! Вот товарищ!

В это время Ивашка принес покупки. Семен Павлович вышел в сени и сказал Сидору:

— Вернись домой: коляски нет. Закажи на почте бричку на завтра и укладывайся!..

— А коляска где же?

— Ну, это уж не твое дело. Иди!

— Сеня, — позвал его Башилов, — я наливаю! Пьем!

— Пьем! — весело сказал Брыков, входя назад, и взял стакан в руки.

Башилов ловким ударом сбил горлышко у бутылки и стал наливать стаканы.

Виола созвала своих подруг. Башилов привел приятелей, и вечер удался на славу. Офицеры пили за здоровье Брыкова и его невесты, Башилов кричал "ура!", а Виола смеялась и хлопала в ладоши.

— Я предлагаю выпить за здоровье императора! — сказал Брыков. — Его обращение со мною никогда не изгладится в моей памяти.

— Ура! — закричали все и дружно выпили.

— Его знать надо! — убежденно сказал Башилов. — Отчего гатчинцы за него хоть на смерть? Оттого, что знают! А питерские белоручки, понятно не любят его. Им не по душе такая строгость!

— Тсс! — крикнула Виола. — Пить, любить и счастье пытать, а об этих материях — ни слова!

— И то! — захохотал Башилов. — То ли дело экарте! Господа, я закладываю пятьдесят рублей!

— По банку! — сказал Греков, подходя к столу. Игра началась.

Брыков не принимал участия в игре и думал о той минуте,

когда он вернется в Москву, увидит своих друзей и... Машу. Его лицо вспыхивало, губы улыбались.

— Барин! К вам! — испуганно сказал Сидор, подходя к Брыкову.

Семен Павлович невольно побледнел и вышел в сени. Там стоял фельдъегерь.

— От его превосходительства! — сказал он, подавая Брыкову пакет.

Семен Павлович поспешно вскрыл его. Там оказались: патент на чин майора, рескрипт государя и письмо Обрезкова, в котором он поздравлял Брыкова с царской милостью и прибавлял, что указ об отставке будет завтра и что ему было бы полезнее завтра же и оставить столицу. Брыков кивнул головой, решив, что так и сделает, и спросил своего слугу:

— Сидор, когда будут лошади?

— К пяти утра!

— Отлично!

Семен Павлович вернулся к гостям. Виола подошла к нему и сказала:

— Мы все тебя до заставы проводим. Тройки заказаны!

XXXII

СРЕДИ ДРУЗЕЙ

Ермолин крепким сном спал у себя после обеда, как вдруг услышал шум и топот в сенях и, не успев очнуться, очутился в чьих-то объятьях.

— Пусти! Кто это? Оставь! — заговорил он отбиваясь.

— Узнай! Узнай! — со смехом говорил кто-то.

Ермолин вывернулся из объятий, взглянул на гостя и радостно закричал:

— Брыков! Семен!

— Я! Я! Живой и не покойник, и притом майор в отставке! Вот!

— Что ты? Как? Видел государя?

— Постой! Вот разденусь и все тебе по порядку расскажу!

— Федор! — закричал на всю квартиру Ермолин.— Самовар и закуску!

На Брыкова сразу пахнуло родным, московским. Раздевшись, накинув на себя хозяйский халат и закурив трубку, он сидел у топившейся печки, против Ермолина. На столе кипел пузатый самовар, стояли бутылки, разная снедь, и вся атмосфера комнаты была проникнута каким-то особым московским благодушием.

— Ну, ну, рассказывай! — торопил Ермолин приятеля.— Все с самого начала!

Семен Павлович начал свою повесть с первого дня приезда. Ермолин слушал его, почти переживая все его ощущения. При рассказе о Башилове он смеялся и повторял: "Вот бестия!", а при сообщении о Виоле растрогался.

— Сюда бы ее, к нам! — сказал он.— Мы ее здесь на руках носили бы!

Наконец Брыков кончил и проговорил:

— Вот и все! И я снова тут! Завтра по начальству пойду! Ну, а здесь что? Маша что?

Ермолин вздохнул и махнул рукой.

— И не спрашивай! Я недели две оттуда вестей не имею, судя по всему, хорошего мало. Мучают ее вовсю. Я писал ей, что, ежели беда, пусть или бежит, или за мной шлет, да вот не пишет. А только тошно ей. Дворню твою так-то лупят... держись только! Оброк на всех твой братец увеличил, лютует!

— Ну, я его укрощу,— глухо сказал Семен Павлович.

— Не грех! Опять объявлялся ко мне какой-то негодяй Воронов,— сказал Ермолин,— вида самого гнусного. Говорит, служил сперва по сиротскому суду, а ныне в полиции. На дочери пристава женился.

— Ну?

— Так говорил, что Дмитрий уговаривал его на тебя донос

141

писать, а он будто бы уклонился. Просил не забыть этой услуги в случае чего. Так и сказал!

— А ты что?

— Что? Велел ему рюмку водки подать и рубль дал. Взял он и ушел.

— Я завтра же отправлюсь в свой полк и в палату, а там и в Брыково!

— И я с тобою!

— Отлично! Я еще хочу исправника позвать.

— Вот-то сюрприз ему! Ха-ха-ха!

Брыков невольно улыбнулся.

Была уже глубокая полночь, когда они разошлись по, своим постелям.

— Сидор! — крикнул утром Брыков. На его крик вошел слуга Ермолина.

— Сидора Карпыча нетути! — сказал он.

— Где он?

— Ушли к Иверской молебен служить. Коли что услужить, я могу-с!

— Ну, услужай! Давай мыться!

Брыков в полчаса оделся и вышел на улицу. Из дома он прямо направился в казармы. Его сердце невольно забилось, когда он увидел давно знакомые унылые постройки.

— Брыков! Семен Брыков! — пронеслось по казармам, и Семен Павлович не дошел еще до офицерской комнаты, как был окружен прежними своими сослуживцами.

Все старались скорее обнять его, пожать ему руку, сказать ласковое слово. Брыков был растроган.

— Господа! Голубчики! — говорил он и наконец радостно крикнул: — Братцы, приходите сегодня вечером к Ермолину на жженку!

Все ответили радостным согласием.

Семен Павлович из казарм направился к шефу полка.

— А, голубчик! — радостно приветствовал его толстый Авдеев.— Рад, рад! Мне Ермолин рассказывал! Ну, ты теперь братца своего допеки. Покажи ему!

— Ну его! — махнул рукой Брыков.

— Расскажи же мне, как с царем говорил!

Брыков чуть не в десятый раз передал о свидании с императором.

Авдеев пыхтел и качал головой, потом широко перекрестился.

— Милостив и справедлив! А меня ты прости! — сказал он. — Не мог я ничего сделать. Знаешь, закон!

Семен Павлович дружески распростился с бывшим начальством и поехал в палату. Там его приняли с полным радушием и, чувствуя, что от него кое-что перепадет в карманы, выразили полную готовность служить ему.

— Я с вами тотчас же и поеду! — сказал заседатель. — Там сейчас и следствие нарядим. Надо будет вашего исправника прихватить!

— Я это сделаю! — сказал Брыков и радостный вернулся домой.

Вечером комнаты Ермолина наполнились шумной толпой офицеров.

Кутеж был в полном разгаре, когда вдруг слуга Ермолина вызвал барина в другую комнату, а тот через минуту позвал к себе Брыкова.

— Чего? — спросил Семен Павлович.

— Какая-то беда! — торопливо ответил Ермолин. — Павлушка из Брыкова письмо привез!

— От Маши? Читай! Скорее! — крикнул Брыков, у которого выскочил из головы весь хмель.

Ермолин разорвал конверт, вынул обрывок бумажки, исписанный карандашом, видимо, второпях, и, волнуясь, прочел вполголоса:

"Яков Платонович! Если можете спасти, спасайте! Завтра меня везут в церковь!"

Брыков схватился за голову.

— О, я несчастный! Ехал, спасся и для чего?

— Чтобы обвенчаться с Машей, — перебил его Ермолин. — Не унывай! В Брыково мы еще два раза поспеть можем! Позови Павла! — приказал он слуге.

Федор вышел и вернулся со старым казачком Брыкова.

— Барин! — радостно воскликнул Павел и упал Семену Павловичу в ноги.

— Здравствуй, здравствуй! Встань! — приказал Брыков.— Говори, что с барышней?

Павел встал и, махнув рукой, ответил:

— Замучили они ее, батюшка барин. Пилят, пилят... Особливо их батюшка. Митрий Власьич наседает, а тот шпыняет, ну, и сдались! Завтра свадьба. Гостей назвали...

— Ты на чем?

— Верхом!

— Яша, готовь лошадей! — взмолился Брыков.

— Да погоди! Что мы, как лешаки, приедем? — возразил Ермолин.— Подождем еще часа три и в самую пору там будем. Я свою тройку заложу, а ты, Павел, возвращайся сейчас да на станции заготовь подставу!

XXXIII

СИЛА СОЛОМУ ЛОМИТ

Маша изнемогала в неравной борьбе. В последнее время ее стали держать словно в остроге и, отняв от нее старуху Марфу, приставили к ней горничную девку, с которой Маша боялась даже говорить. Кто ее знает? Может, она все передает? Помышляла Маша и о самоубийстве, но, видимо, старый отец думал об этом и предупредительно лишил ее всего, чем можно было навести себе рану, да и девка-прислужница сторожила ее крепко.

Маша таяла, а отец каждый день неизменно спрашивал ее:

— Когда же свадьба?

— Подождите немножко! — умоляюще произносила

девушка и с холодом в сердце видела, как искажалось злобой его некрасивое лицо.

Дмитрий Брыков видел это упорство и весь дрожал от ярости и распаляемой страсти.

— Будет моей! — говорил он себе, уходя в свои комнаты, и злобно сжимал кулаки.

Трудно было сказать теперь, что руководило им в его злобном стремлении завладеть Машей: истинная любовь, безумная страсть или просто упрямое желание поставить на своем. Но иметь ее своей женою стало его неотвязной мыслью. Оставаясь наедине с собой, он иной раз вдруг вспыхивал страстью и говорил вслух, словно видел перед собой Машу и убеждал ее:

— Чего я для тебя не сделаю? Отпишу на тебя всю усадьбу и деревню с людьми; сам твоим слугою сделаюсь, буду лежать у порога твоей спальни и слушаться твоего голоса, как верный пес! Так любить никто не будет, да и нет такой любви! Поверь мне, иди за меня, Маша, сердце мое, золото мое, радость моя.

Иногда же он приходил в ярость, и тогда от его безумных речей сделалось бы страшно всякому, кто услышал бы их:

— А, Марья Сергеевна! — шипел он, ухмыляясь.— Я не по вкусу вам? Вам братца надо? Ну, не обессудьте, каков есть! Рука у меня грубая. Ну, ну! У меня, Марья Сергеевна, арапник есть мягкий, ласковый! Ха-ха! Как ухвачу я вас за ваши русые косы, да ударю оземь, да стану им выглаживать! Жена моя милая, улыбнись, мое солнышко! О, сударушка, горошком вскочите! Ха-ха! Не бойся, Марья Сергеевна!.. В девках была, поглумилась — теперь мой черед! Ноги мои целовать будешь, в землю кланяться!

Маша была бледна и худа от тоски и терзаний, но и Дмитрий изменился до неузнаваемости. Его лицо почернело и осунулось; лаза горели лихорадочным блеском, и грубый, своевольный характер всякую минуту прорывался дикой выходкой. Дворовые дрожали, заслышав его шаги или голос. Он не выходил из дома иначе, как с арапником, и горе было тому, кто хоть нечаянно раздражал его.

— На колени! — ревел Дмитрий и бил несчастного до изнеможения.

К Федуловым он уже не ходил.

— Твоя дочь придет ко мне женою моей,— грубо сказал он отцу,— а я женихом, чай, уж пороги отбил!

Федулов весь съежился.

— Недужится ей теперь,— забормотал он,— а как выправится через недельку-другую, так и за свадьбу!

Однажды Дмитрий позвал его к себе и сказал:

— Ну, слушай, старик! Довольно нашутились мы, пора и за дело! Слушай! Ежели в следующий вторник — неделя срока — ты ее в церковь не привезешь на венчание,— собирай пожитки свои и вон! В двадцать четыре часа вон от меня! Понял?

Федулов побледнел и затрясся, но через мгновение оправился. На его лице выразилась решимость,

— Вот тебе ответ, Дмитрий Власьевич! — твердо сказал он.— Зови гостей на вторник!

— Ой ли? — радостно воскликнул Дмитрий.

— Не бросал я слов на ветер! — ответил старик и быстро ушел из усадьбы.

Дмитрий проводил его недоверчивым взглядом. Вернувшись домой, Федулов прямо прошел к дочери, выслал девку-горничную, и, сев против Маши, решительно заговорил:

— Вот что, милая! Говорил я тебе, что по Семену твоему плакать нечего. Теперь его и с собаками не разыщешь. А замуж идти надо! И идти за Дмитрия, бледней не бледней! Пока можно было кочевряжиться, ломайся во здоровье, но теперь конец пришел. Он меня, старика, вон гонит! Куда я с тобою денусь? Ась? Дом был — нет его! На старость по чужим дворам идти? Так, что ли? Ну, вот и сказ тебе! Во вторник под венец! Поняла? — И старик поднялся со стула и зорко впился глазами в дочь. Она опустила голову.— И помни,— раздельно, медленно сказал он,— захвораешь — хворую повезу. А станешь отказываться — прокляну. Готовься же! Завтра уже соседей оповестим.

Он ушел, а Маша упала на постель и, казалось, на время лишилась чувств. Все перемешалось в ее голове. Смерть,

146

монастырь, бегство, лес темный. Сеня, Сидор, Ермолин!.. Хоть бы помог кто, совет дал!.. Но кругом не было ни одной доброжелательной души.

В усадьбе уже говорили о свадьбе. Люди то и дело ездили за покупками для свадебного пира. Девушки-швеи окружили бедную Машу, и в суматохе дни летели один за другим быстрее птицы.

Дмитрий сразу повеселел. Он разогнал гонцов по соседям с приглашениями, послал за Вороновым и ездил в город заказывать себе платье.

Маша металась. Вот уже воскресенье минуло; понедельник, а завтра всему конец! Она написала Ермолину отчаянное письмо.

— Милая няня! Голубушка! — взмолилась она, улучив минуту. — Посылай Павлушу.

И Марфа взялась за это дело.

— Уехал?

— Ускакал! — ответила через два-три часа старуха, и Маша немного успокоилась.

Но вот и вторник. Окруженная девушками и соседками-барышнями, стала одеваться Маша к венцу, но ей казалось, что ее обряжают словно к смерти, и в ее голове бродили какие-то обрывки мыслей. Глупая она! Писать к Ермолину? Как он может помочь ей? Чем? И слезы крупными каплями падали на ее подвенечный наряд.

— Карета ждет! Жених уехал! Сейчас шафера приедут! — шепотом разносилось вокруг нее.

— Едут, едут!

Маша, вероятно, лишилась чувств, потому что не помнила, как она очутилась в церкви.

XXIV

ГРОМ

Бедная Маша, казалось, сейчас упадет без чувств; Дмитрий взял ее под руку и смело двинулся к аналою. Он был бледен, хотя по его губам и скользила усмешка.

— Скорее! — сказал он священнику, но в этот момент дверь распахнулась, и в церковь вихрем влетел казачок Павлушка.

— Барышня, — закричал он, — не сдавайтесь! Барин вернулся!

В первый миг все оцепенели от неожиданности, но во второй картина изменилась. Маша с радостным криком вырвалась от Дмитрия и бросилась не к отцу, а к старой Марфе. Старик Федулов рванулся было за ней, но остановился посреди дороги; Воронов расставил руки, разинул рот и слегка присел от неожиданности и страха; на лицах всех остальных присутствующих отразилась живая радость, а Дмитрий, смущенный в первый миг, потерял всякое самообладание.

— Негодяй! — закричал он на Павла. — Как ты смел ворваться сюда? Запорю! Эй, взять его!

Но никто не двигался с места. Дмитрий шагнул к Павлу и вдруг попятился с глухим рычанием — в дверь торопливо вошли Брыков и Ермолин.

Семен Павлович прямо бросился к Маше и тревожно спросил:

— Успели?

Она только кивнула головой и залилась слезами радости.

Он обнял ее и прижал к себе. Бедная! Как она похудела, побледнела! Сколько вытерпела!

Дмитрий оправился и, собрав остатки наглости, шагнул к своему брату.

— Как ты смеешь бесчинствовать здесь? — пылко спросил он. — Я тебя выгоню и затравлю собаками!

— Оставь! — ответил Семен Павлович. — Государь вернул мне и жизнь, и права и приказал взять тебя и Воронова!

— Меня? — раздался глухой стон.— За что же? Я служу верой и правдой. Я...— говорил Воронов, махая руками.

К ним подошел Ермолин и сказал Брыкову:

— Брось ты эту канитель! Приедет исправник и все разберет, а ты лучше венчайся, не теряя времени. Я уже переговорил и с папашей Марьи Сергеевны, и со священником.

— Благословляю! — сказал, подходя и кланяясь, Федулов.— До последней минуты берег Машеньку для вас и оттягивал свадьбу. Вот и дождались!

Семен Павлович с отвращением отвернулся от этого старика и подвел Машу к аналою. Она вся трепетала от внезапного перехода от отчаяния к радости. Церковь наполнялась народом. По деревне уже разнесся слух, что настоящий барин вернулся, и все торопились увидеть его. А он стоял перед аналоем с любимой девушкой, и его лицо сияло от счастья.

Дмитрий выскочил из церкви, вскочил в экипаж и велел гнать в усадьбу. Кучер сначала хотел было не послушаться, но лицо Дмитрия было слишком страшно, и он не осмелился и погнал лошадей.

Дмитрий откинулся в глубину экипажа и рвал на себе манишку, жабо и шейный платок. Все душило его. Голова кружилась, и беспорядочные обрывки мыслей носились в его голове, как хаос. Нищий! Сразу нищий! Без нужды даже! И отнята любимая девушка, ради которой все и делалось! Арест... Может, суд... За что суд? И вдруг в его голове мелькнул первый акт этой истории. Если Еремей говорил кому-нибудь о его попытке отравить брата или это каким-то образом узнается?

В этот момент кучер доехал до усадьбы. Дмитрий выскочил из экипажа и бросился в свой кабинет, где начал торопливо собираться. Он брал лучшие вещи и бросал их в сундук, открыл шкаф и вынул из него все деньги, но вдруг услышал за собой голоса и топот ног. Он оглянулся и бессильно опустился на стул. Стряпчий, заседатель и исправник вошли в комнату и с состраданием смотрели на него.

Дмитрий вдруг вспыхнул и бросился к ним.

— Что вам надо? Зачем пришли?

— Тише, тише! — остановил его исправник.— Приехали по приглашению брата вашего Семена Павловича, здешнего владельца. Надо нам вновь ввести его, а вас взять, ибо вы покушались на его жизнь.

Дмитрий побледнел и криво улыбнулся.

— Кто сказал такую небылицу?

— Почтенный Воронов. Он уже взят нами. Он ссылается на Еремея...

— Он? — закричал Дмитрий.— Да я ему...

Но он не окончил и грузно упал на пол — с ним сделался удар.

Исправник торопливо позвал слуг и местного цирюльника. Дмитрия положили на постель и пустили ему кровь, но он все не приходил в себя.

А тем временем на другой половине люди собрались встречать молодых. Свадебный стол был уставлен цветами и графинами. Некоторые из соседей были позваны еще Дмитрием.

— Едут, едут! — закричали высланные для дозора, и все побежали за ворота.

Свадебный поезд, всего из двух экипажей, быстро приблизился к крыльцу.

Из кареты вышел Брыков в дорожном камзоле и помог выйти радостной Маше. Ермолин выпрыгнул из другого экипажа, и следом за ним почтенный родитель Федулов, весело улыбавшийся и всем кивавший головой, словно все исполнилось по его желанию.

— Вот я и дома! — радостно сказал Семен Павлович, оглядываясь по сторонам.

— Здравствуй, наш батюшка барин, Семен Павлович! — кричали дворовые.

Навстречу ему вышел заседатель.

— Я уж оторву вас от молодой жены,— сказал он после поздравления — Пойдемте-ка со мною.

Брыков оставил Машу и тревожно последовал за заседателем. Через минуту он очутился подле брата. Тот лежал навзничь с одним закрытым глазом, с искаженным лицом и, видимо, что-то хотел сказать брату. Его здоровая рука металась, он что-то мычал и моргал глазом.

— Сейчас же за лекарем! — распорядился Брыков и потом, обратившись к больному, сказал ему: — Брат, я тебе все простил и не брошу тебя без призора! — Брыков кивнул ему и пошел из комнаты.— Я хотел бы освободить и того приказного,— сказал он исправнику,— ведь все гадости он из корысти делал!

— Ваша воля! — ответил исправник.

Они вошли в огромную столовую; с хоров гремела музыка, и начался свадебный пир.

— Смотри, как хорошо устроилось,— кричал Ермолин приятелю,— и церковь тебе приготовили, и пир, и музыку! Словно ждали! Говорил же я, что попирую на свадьбе! За ваше здоровье! Ура!

XXXV

ЭПИЛОГ

Прошло немного времени, и все вошло в обычную колею. Брыков поселился в своей усадьбе и лишь изредка навещал Москву. Маша была подле него, и все происшедшее в течение прошлого года казалось им тяжелым сном. Впрочем, "что прошло, то стало мило", и они иногда вспоминали эпизоды своего тяжелого прошлого. Да и не могли забыть его окончательно, потому что во флигеле, где раньше поселился Федулов с Машею, жил теперь разбитый параличом Дмитрий, постоянно напоминая им о прошлом. Но они любили это прошлое, потому что страдания крепче связывают людей.

Напоминал о нем и старик Федулов. С наивной простотой думая, что обманывает и дочь и зятя, он часто рассказывал, как оберегал Машу от Дмитрия, как противился их браку и как хотел скрыть куда-нибудь свою дочь. Брыков тогда с улыбкою переглядывался с Машей и говорил старику:

— Спасибо, спасибо вам! Без вас мы пропали бы!

— Я к нему нарочно подлаживался и смирял его,— врал старик и хихикал.

Из рассказов Брыкова Маша узнала о Башилове и Виоле и даже написала ей в первые дни письмо, в котором горячо благодарила ее и звала к себе.

"Для Вас,— написала она,— у нас всегда готовы и помещение, и прибор за столом".

И однажды она получила от Виолы ответ. Он был проникнут нежностью и деликатностью и в то же время был очень грустен.

"Вы поразили меня письмом Вашим,— написала прелестница.— Что я, и что Вы? А Вы не побрезговали мною, и за то Бог наградит Вас. Я горю в веселье и шуме, и не мне жить в сельской тишине, но, когда я устану и друзья от меня отвернутся, я буду знать, что имею где преклонить безутешную голову".

Маша показала мужу письмо, и он вздохнул, прочитав его.

— Славная девушка! — сказал он.— Не помоги она мне, не приюти у себя — и мне пришлось бы уехать!..

Башилов тоже писал два раза. Один раз он просил у Брыкова денег, в другой — извещал о своих успехах. Несмотря на разгульную жизнь, он был исправным служакой, и государь отличил его перед прочими. Он получил чин майора и командовал батальоном.

Воронов бросил сиротский суд и, по протекции своего тестя, получил место частного пристава, чем очень гордился. С необыкновенным рвением он преследовал воров и уверял, что служит отечеству; при этом его курносое красное лицо озарялось полицейским величием, и чурбанообразный стан гордо выпрямлялся. Встречаясь случайно с Брыковым, он кланялся ему ниже пояса не то из чувства благодарности, не то из страха, зная его отношения с Лопухиной.